中国往事

主　编　王连升
编　委　于宝华　马俊明　王连升　杜家骥
刘洪涛　张荣明　孙立群

讲述先秦

上

山西出版集团◆山西教育出版社

图书在版编目(CIP)数据

讲述先秦．上/王连升主编．—太原：山西教育出版社，2013.7

（中国往事）

ISBN 978-7-5440-4129-4

Ⅰ.①讲… Ⅱ.①王… Ⅲ.①中国-古代史-先秦时代-通俗读物

Ⅳ.①K220.09

中国版本图书馆 CIP 数据核字(2009)第 186650 号

出版策划 荆作栋 刘立平

项目主持 赵 峰

责任编辑 李 飞

特约编辑 刘晓霞

复　　审 刘立平

终　　审 荆作栋

装帧设计 王耀斌

印装监制 贾永胜

出版发行 山西出版集团·山西教育出版社

（太原市水西门街馒头巷 7 号　电话：4035711　邮编：030002）

印　　装 山西人民印刷有限责任公司

开　　本 787×1092　1/16

印　　张 9.5

字　　数 168 千字

版　　次 2013 年 7 月第 1 版山西第 10 次印刷

印　　数 44201—46200 册

书　　号 ISBN　978-7-5440-4129-4

定　　价 16.00 元

真实的历史，同样动人心魄……

目录

中国往事

文明从洪荒走来
——中华民族的起源

在中国古代文明产生的几百万年以前，中华广阔的大地上，已经产生了辉煌灿烂的原始文明。世界上最高的山峰、被人们称为世界屋脊的喜马拉雅山在中国，世界上唯一的绵延不绝、延续至今的古老文明也在中国。当我们追寻中国文明起源时，才发现造物主不论在空间上，还是时间上，都如此厚爱我们的民族。

距今五千万年至四千五百万年以前，大地的印度板块与欧亚板块相互碰撞，开始了喜马拉雅造山运动。横空出世、巍然屹立的喜马拉雅山，改变了我国自然地理环境，使多数地区的气候由温暖湿润变为较寒冷干燥，大地植被由亚热带森林变为草甸。古人类学家认为喜马拉雅造山运动，不仅孕育了后来的黄河、长江，并由此产生出中国境内的大河文明，而且直接为古人类的进化提供了重要条件。因为气候和环境的巨大改变，古猿不得不适应全新的环境，由此促进了古猿向人类的进化。

中国境内已经发现的古猿、古人类化石有：

森林古猿：距今约两千万年。

腊玛古猿：世界各地发现的腊玛古猿化石，以我国云南禄丰的材料最丰富，而且我国是世界上唯一发现腊玛古猿头骨的地方。

猿人：有距今一百七十万年的元谋人；距今一百一十万年和五十万年的蓝田人；距今六十万年的北京人；距今三十万年的和县人；距今二十多万年的金牛山人等。

古人：主要有大荔人、马坝人、丁村人、许家窑人、长阳人等，他们生活在距今二十万年至一万年之间。

新人：主要有峙峪人、河套人、资阳人、柳江人、麒麟山人、山顶洞人等，他们生活在距今十万年至一万年之间。

这些都是在旧石器时代，生活在中国大陆上的最早居民。由古猿过渡到人类经过了漫长的地质年代，如果从元谋人算起，大约经过了一百七十多万年，占人类全部历史的95%以上。这一时期人类的主要文化创造有石器制造和火的使用。石器是远古时期人类文化最丰富、最重要的实物见证。而如果说古代人把石头、骨头等用自己的双手加工成工具是对自然物的利用，那么，火的使用则是人类支配自然力的最初尝试。人类用火可以驱寒、照明、防御野兽侵袭，还可以得到熟食，使原始人摆脱茹毛饮血的生活状况。

北京人复原像

当时原始人类的生产活动主要是采集和渔猎以攫取天然物品。

四五十万年前，当时北京人生活在周口店附近，那里的山上生长着冷杉、云杉等针叶林，还有桦、栎等针叶混交林，山下及丘陵上生长着柳、栎、栗等杂木林和灌木丛。北京人在树林中可以找到果实充饥，但森林中有凶猛的剑齿虎、豹等食肉动物。这里是森林与草原的交界处，周口店东南是一片广阔的平原，蒙古野马、野驴在那里生活，梅花鹿、野羊等食草动物是北京人狩猎的主要对象。西山的北面，沙多水缺，骆驼和鸵鸟占据了那里的干旱草场。北京人住在龙骨山的天然山洞里。

这里的纬度较高，当天气转冷时，山洞里不灭的篝火可以让北京人御寒取暖。当时能在如此高的纬度生活的远古人类还是不多见的。北京人能够生活在气候多变的温带，克服自然条件对人类的限制，取得了巨大的成绩。他们用火防御猛兽，驱走了山洞中的阴暗潮湿。火使人类获得了熟食，减少了疾病，增强了体质，加速了脑髓的发展。北京人的脑容量比现代猿类大而完善，脑量平均约为1059毫升，比现代猿类平均脑量415毫升大一倍半以上。在已经发掘出来的六个比较完整的北京人头骨中，最大脑量为1225毫升，接近于现代人的平均脑量1400毫升。

面对恶劣的环境，北京人不停地劳动，用原始工具去对付大自然带给他们的种种灾难，抗击猛兽的频繁侵袭。狩猎是他们的主要生产活动。艰苦的生活，过早地夺去了他们的生命，在周口店发现的大约四十多个个体中，约有三分之一活不到十四岁就死去了。经过长期的艰苦劳动和斗争，他们顽强地改造着自然，也使自身不断进化，并创造了远古人类文化。

古人阶段的原始人类，体质形态已不同于猿人，马坝人的头颅骨比猿人薄，前额比猿人高；长阳人的上颌骨已不像猿人那样显著地向前突出；丁村人牙齿的某些特征比较接近于现代的蒙古人种。总之，古人体质的各方面都比猿人进步，正向现代人过渡。

经过几十万年的进化，古人成为新人。新人在体质形态上逐渐失去了猿人的原始性，而成为现代人。例如，脑的结构日趋完善复杂，柳江人、山顶洞人的平均脑量达1300~1500毫升，高于北京人的1059毫升，和现代人的脑量差不多。猿人粗壮高突的眉嵴骨不见了，前突的上下颌骨大大地向后缩了，这样也就具备了现代人的基本特征。中国境内的新人柳江人、资阳人、山顶洞人、河套人等，代表着蒙古人种体质类型形成中的一个重要阶段。新人比古人具有更丰富的劳动生产经验和技能。他们改善了制作工具的方法，仅以刮削器为例，已有凹刃、凸刃、圆刃和双刃多种。

在整个旧石器时代，人类的生产活动带动了一系列技术发明，其中包括：

复合工具的发明。复合工具中最重要的恐怕要算弓箭了。在弓箭发明之前，原始人一定有了投枪一类的狩猎武器，然后又有了燧石箭头、石镞，接着又试验了多种器械制造方法，有了对弓与弦的精细的认识，最后经过长期摸索将上述一系列技术组合成弓箭。

人工取火技术，包括两种，钻木取火和用燧石打火。它是科学技术上的巨大飞跃。因为数百万年来，人类一直日以继夜、成年累月地以不息的篝火来保存天然火种，打火技术彻底改变了这种状况，带给了人们巨大的方便。

结绳记事、契木为文。这很可能是人类最早的史记与档案了。

此时，原始人已经将艺术投射到他们的作品之上，一些非常精致的石器，不能不引起我们的惊叹。在山顶洞人的遗址内，发现了大量装饰品，这些装饰艺术品都相当精致。带孔的小砾石是用微绿色火叶岩从两面对钻而成，小石珠是用白色的小石灰岩块磨成。所有的装饰品都呈红色，可能被赤铁矿染过。

这一时期，原始宗教观念产生了。山顶洞人的墓葬中，在尸体周围撒有红色的赤铁矿粉。这样做的理由显然与某种观念相联系，可能是为了防止野兽对死者的侵害，或者加上一些血液具有的红色是为了使人复生。对其确切含义我们还应继续研究探讨，但它大概与原始宗教观念有关。

随着社会的逐步发展，人类逐步脱离原始人群阶段，产生血缘家庭。其主要特征是亲兄弟姊妹之间或从兄弟姊妹之间无约束的通婚，即有血缘关系的嫡系和旁系兄弟姊妹之间的婚媾。但近亲繁殖不利于种族的发展，这是生物界的普遍现象，因此在人类的近亲婚姻中，逐步地有了乱伦的种种禁忌，血缘婚被逐渐地废止，实行族外婚制。这样也就完成了两性关系的第二次进化。人类社会进入了氏族公社阶段。它是原始公社的基本单位，以生产资料公有制为基础，以血缘纽带和血统世系相联结的社会为组织形式。

以上我们简略地叙述了我国大陆居民在旧石器时代的文化创造，它是我们这块大陆上先民开天辟地的壮举。先民的文化创造为后来者奠定了基础。由于文化创造的累加性效应，新石器时代的人类，在很短的时间内就创造了远远超过旧石器时代的文化。

距今大约一万年左右，我国广大地区陆续进入了新石器时代。新石器时代大约延续了五六千年，到距今四千年左右结束。几乎在同一时期，我国形成了各具特色的区域性文化。它们是：（1）以燕山南北、长城地带为中心的北方；（2）以山东为中心的东方；（3）以关中（陕西）、晋南、豫西为中心的中原；（4）以太湖为中心的东南部；（5）以环洞庭湖与四川盆地为中心的西南部；（6）以鄱阳湖—珠江三角洲一线为中轴的南方。有学者根据新石器各地文化发展的特点，提出了我国远古文化发展的宏观结构，认为中国史前文化的格局是一个“重瓣花朵式的向心结构”，即我国新石器时代文化像一个巨大的花朵，中原文化区是花心，周围的燕辽文化区、山东文化区、江浙文化区、长江中游区、甘青文化区是花瓣。这时我国黄河流域、长江流域、东南沿海、西南地区、北方地区都形成了一些各具特色的文化类型。

关中地区仰韶文化遗址分布略图

裴李岗文化，分布在豫中、豫东南一带，距今八千年左右。原始农业在该文化中占重要地位。

磁山文化，主要分布在河北省邯郸地区，距今七千五百年左右。已经有了编织和纺织技术。

仰韶文化，是黄河流域影响最大的新石器时代文化，分布区域相当广泛，以河南、陕西和晋南为中心，西到甘肃的河西走廊，东至鲁西，北到内蒙古的河套，南到湖北的汉水流域。仰韶文化从距今六千多年前开始，延续了一千多年。仰韶文化有定居的村落、稳定的农业和陶器制造。

马家窑文化，主要分布在甘肃、青海、宁夏和四川、陕西部分地区。前后延续近两千年，距今约五千年左右。该文化以彩陶著称。

齐家文化，分布范围与马家窑文化基本相同，且有继承关系，距今四千年左右。该文化的重要成就是冶铜业的出现。

大汶口文化，主要在山东省和江苏淮北一带，在安徽北部和河南省中部也有发现。距今六千年左右。该文化的特点是农业，尤其是养猪业较为发达，渔猎、制陶业也占一定地位。

河姆渡文化，1973 年发现于浙江余姚河姆渡，距今七千年至五千年。该文化是南方稻作农业的发源地之一，也是迄今为止发现的最早的栽培水稻的遗址。另外，家畜饲养业、渔猎业、骨制生产等也比较发达。

河姆渡遗址自然景观

良渚文化，在太湖平原和杭州湾地区，距今四千五百年左右。该文化中，原始农业、丝麻纺织、玉器制作很发达。

红山文化，在蒙古草原东部与河北北部、辽宁西部的结合部，距今五千年左右。渔猎经济、农业、制陶、玉器制作等是该文化的主要特点。

屈家岭文化，主要分布在湖北省，也包括河南、湖南、四川部分地区。距今五千年左右。稻种栽培、制陶工艺都已达到一定水平。

石峡文化，主要分布在广东北江、东江流域。该文化中，有技术的木工备受尊重，地位较高。

龙山文化，分布范围在黄河中、下游，距今约四千五百年至四千年之间。该文化中，农业已成主要生产活动，农业生产工具多样；陶器制作也很先进；凿井技术比较普及。

上述新石器时代文化向我们表明：不仅黄河是华夏文明的摇篮，长江同样也是华夏文明的摇篮。新石器时代长江流域的河姆渡文化、良渚文化并不比黄河流域的文化逊色，只是其特点不同。在新石器时代，黄河流域文化间的联系加强，中心文化区逐渐形成，龙山文化之后的青铜器时代，黄河流域的文化超过了长江流域。司马迁写《史记》时，楚越之地，有的仍然火耕而水耨。我国的封建社会时代，黄河流域先进文化逐步向四周扩展，而在新石器时代则是黄河与长江各自哺育了我们的先民。

新石器时代文化创造可概括为如下几个方面：

农业起源及原始农业的发展。新石器时代，我国栽培的作物主要有粟和稻，它们可分别作为黄河流域和长江流域栽培作物的代表。我国早在八千年前就已经栽培粟，是世界上最早种植粟的国家。此外，黍、稷、麦、高粱、豆、麻等也在新石器时代开始栽培。油菜、葫芦、莲藕、菱芡、甜瓜、桃、李、梅、枣、栗等也是在新石器时代开始栽培的。

畜牧起源、原始畜牧业的发展。我国新石器时代最早驯化的动物是狗。早在旧石器时代晚期，人类就已经把狗驯化，作为狩猎的助手。当农业起源后，狗与人的关系更为密切。另外，用狗做殉葬品的现象很普遍，从发掘情况看，殉犬的骨架多侧卧在人骨架的腿部之旁，其头与人骨架一致，也有的殉犬卧于死者脚下。这充分说明人与狗的亲昵关系。其次是猪，在农耕文化遗址中，大多伴有家猪的遗骨，这说明我国农耕与饲养业结合的生产模式，很早就已经确立。羊是温顺的动物，它也比较早地被驯化为家畜。我国北方饲养家羊的历史可能在七千年前。牛、马在新石器时代已被驯化为家畜。家鸡的驯化年代在八千年前，我国是最早饲养家鸡的国家。

制陶业的产生和发展。农业的产生和粮类食物的增多，促进了制陶业的产生。中国古代文献中说“神农耕而作陶”。仰韶文化、大汶口文化、屈家岭文化、红山文化等遗址的陶器，器物造型工整。山东龙山文化的一种黑陶，胎壁薄如蛋壳，坚实细腻，漆黑光亮，反映出制陶技艺的高超。

纺织技术的发明。作为捻线工具的纺轮在新石器时代早期遗址中偶有发现，到中期已经比较多了。

铜器的出现和使用。这在新石器时代并不普遍，但是它开创了中国灿烂的青铜文化之先河，并由此萌发了一场伟大的革命。

农具的发明。新石器时代原始农业、畜牧业产生，必然伴随着一系列生产工具的发明创造。农具中最早发明的是收获和加工农具。当时的生产工具有石制的、陶制的、木制的、骨制的，满足了当时农业生产的需要。新石器时代农业、畜牧业的起源和发展是人类文明史上最伟大的革命，这一伟大革命必将使新石器时代的人类思想观念发生深刻的变革。

1978 年在河南临汝阎村的仰韶文化遗址发现一件陶缸，其腹部有一幅高 37 厘米、宽 44 厘米的画，是迄今发现的最大的原始绘画作品。画面内容为两部分，左是鹳鸟叼鱼，右是带柄石斧。鹳鸟圆润丰满，长嘴圆眸，昂首挺立，嘴叼一条大鱼。右边巨大的石斧绑在一根竖立的木柄上端，上有固定石斧的四个穿孔，柄部有刻画的绳索花纹。鹳鸟衔鱼是自然界生生不息的象征，也是人类昔日生活的象征；石斧则是人类力量的象征，是今日人类的象征，一把石斧把人类从大自然中独立出来了。这幅画集中地体现了新石器时代农业、畜牧业革命发生后，人类对人与自然关系的思索，人类有了把自身从自然中分离出去的意识。

尽管人类有了独立的意识，希望把自己与大自然区别开来，然而又希望与自然和谐地相处。人与自然的和谐统一是当时占主导地位的观念。原始宗教主要包括两大部分，自然崇拜、祖宗崇拜。正是自然与祖宗对人们有养育之恩，因此人类定时地对其进行祭祀、祈求。古人对自然物的祭祀相当广泛，天地、四时、寒暑、日月星辰、水旱、四方、山林、川谷、江河、山陵等都是被尊崇祭祀的对象。这表现了原始人对人与自然关系的思索，表现了刚刚脱离自然的人们对自然之母怀有的无限眷恋之情。

也正因如此，新石器时代的艺术，处处表现出人与自然和谐统一的欢乐情绪。新石器时代的陶器等艺术品，人们用彩绘、雕塑、刻画等手段创造出生动而古朴的动物和植物形象，是新石器时代的文化特色之一。以河姆渡文化为例：象牙雕刻制品中有双翼平展滑翔飞行的蝴蝶，引吭鸣啼的双鸟；陶塑作品有憨态可掬的小猪；绘画作品主要是谷粒、叶脉、花草和籽实等植物性图案；陶器口上刻有茎花连枝图案，宛如扬花的稻穗；陶盆内壁上绘有对称的人面鱼纹，构成奇特的人鱼合体。人们塑造的艺术形象大多是他们喜爱的动物、植物。

人面鱼纹彩陶盆

这种文化氛围的出现，除了新石器革命提供了社会物质条件外，社会组织的发展形成也提供了这种保证。进入新石器时代以来，人类的社会组织也有了很大的发展。旧石器时代晚期的氏族公社到新石器时代发展到了新水平。随着氏族公社的壮大，原始部落产生。部落是由同一血缘的两个以上的氏族、胞族构成。它在农耕民族中有较明确的地域、名称、语言、共同的文化、宗教观念和习俗。部落常常由若干个较小的地区村社组成。大家共同从事贸易、农业、建筑房屋、举行各种宗教活动。部落存在的基础是共同的祖先、共同的语言文化和历史。传统部落组织的最高级形式是部落联盟。通常由若干领土毗邻、操共同方言、有亲属关系的部落组成。参加联盟的各部落地位平等，内部事务自主，对外统一行动；各部落酋长组成联盟议事会，决定重大事情，推举联盟首领。从以上我们可以看出，新石器时代氏族制度有很大发展，从氏族公社发展到部落，进而产生部落联盟。但是，氏族的根本制度、根本原则并没有被破坏，财产公有、经济平等、内部民主，每一位氏族成员都有一种安全感。

这种社会文化的进步，形成一种力量，正是这种力量迈出了通向文明时代的矫健的步伐。随着农业、畜牧业、制陶业等进一步发展，人们首先意识到人对自然的征服力。这种征服力聚集的财富造成人与人之间的差别，原始社会的平衡被打破，人与人之间的奴役、征服开始了。从此之后，人们不再是在人与人、人与自然之间寻求和谐。他们开始崇拜征服的力量、崇拜英雄，把人类社会推向血与火之中。新石器时代和谐的文化观念，稳固的文化氛围，逐渐变成对粗犷、刚健的讴歌，这是对崇高和力量的赞美。新石器时代晚期神人兽面像、饕餮纹，其狰狞使人敬畏，其怪异使人惊恐，其力量使人情绪激昂。

当人类进入文明社会之后，新石器时代平等、自然、和谐的文化田园诗，不禁转化成被追寻的力量，这种追寻的力量又化作了新一代文明起源的动力。在失去与追寻之间，在过去与未来之间，有无数个推动文明发展的悖论需要我们去思索。

暴力之剑的格斗决杀
——炎黄之战

许多创造出远古时代灿烂文化的先民，犹如长夜中划破天空的流星，光芒照亮了寰宇，自己却骤然流逝。我们寻遍历史的尘埃却找不见他们的名字，只得以或许与他们毫不相干的今天的地名来命名，如马家窑文化、龙山文化、红山文化、河姆渡文化、良渚文化等等。另一方面，在古代传说和记载中却有无数的英雄，由于这些英雄的业绩被无限夸大，甚至神化，而不被当今的历史学家承认。大体说来，到新石器时代晚期，由于当时社会意识的转变，人们崇拜英雄，因此把祖先神话，甚至神人不分，直到战国、秦汉的历史学家，才将许多神灵人化。司马迁的《五帝本纪》就是这种人化运动的总结性的成果。

原始社会末期，在社会的激烈动荡中，许多氏族、部落常常汇聚在具有崇高威望的英雄人物身边。那时，氏族部落林立，直到一两千年之后的战国时期，人们还能罗列出许多。例如轩辕氏、女娲氏、神农氏、燧人氏、仓颉氏等等。这些氏族的祖先几乎都被神化了。

神农

伏羲

燧人

原始社会末期，氏族部落林立

女娲氏的祖先女娲，被神化为顶天立地的巨人，曾经炼五色石以补苍天。燧人氏的祖先被认为是钻木取火的发明者，使百姓吃到熟食，化腥臊去恶臭，因而被推为部落首领。人们崇拜的是为社会做出重大贡献的英雄，这些英雄就是后世人加工创造出来的。以神农、燧人等为代表的英雄是与新石器时代前期的那种和谐统一的文化氛围相一致的，他们是和平时代的英雄，为文明奠基。而后一类英雄炎、黄、蚩尤等，则是新石器时代后期的代表，他们的诞生与赞美力量、崇拜征服的文化观念相合拍。他们是文明的创造者，是战争时代的英雄。

黄帝和炎帝都是神农氏的后代，也就是说他们都是强大的农耕部落的首领。黄帝姓公孙，名轩辕。炎帝因生于姜水而姓姜。炎、黄部落最早居住地姜水、华阳，一般被认为是陕北的黄土高原。黄帝族、炎帝族在黄河支流渭水上游一带，他们首先向东迁移，黄帝族迁移的路线偏北一些，东渡黄河以后，沿着中条山、太行山的山边地带，直到今河北省北部；炎帝族则偏南一些，顺着渭水和黄河两岸，向河南、河北南部、山东东北一带发展。总的来说，炎、黄两族是从黄河中上游往下游发展。春秋时代以前，黄河并不是由河南流向山东入海，而是自河南中部偏北的浚县一带向北转入河北，穿过冀中平原东北，流经天津一带入渤海。黄帝族从陕北直到北京附近，到达河北北部宣化附近，与古老的北京人、山顶洞人的后裔会合。

黄帝

在原始社会要想与外界建立广泛的联系，除了长途跋涉迁徙之外，没有什么好办法。黄帝和炎帝获得崇高威望，成为众望所归、令人仰慕的部落英雄，其中原因之一就是他们克服千难万险，率领百姓完成了这次大迁徙。而这种部落大迁移，必然要侵入周边部落的领域，因此要避免战争是不可能的，最著名的有三次。

第一次是共工和蚩尤之间的战争，共工是炎帝部落的一支，当时正由西向东发展；蚩尤是东方的渔猎、畜牧部落的首领，在其比较弱小的时候，曾经臣服于黄帝。后来蚩尤的部落发现了金属矿，并学会冶炼，铸造了许多新兵器，威震天下。据说他有兄弟八十一人，可见其联合了众多的部落。蚩尤要从东向西发展，因此和炎帝部落中的共工冲突起来，爆发了激烈的战争。蚩尤的部落武器精良，攻占了共工部落的九个氏族居住区。共工拼死搏斗，由于所处的西方地势较高，他便修筑拦洪大坝，然后诱发洪水，淹没了蚩尤占领的许多地方。这场大水让人觉得昏天黑地，好像支撑天的柱子被共工发怒后触断了。蚩尤居住的东南方地势很低，当滔滔洪水来临时，人们觉得整个大地一下子塌陷了。但是共工的这种洪水战术并非总是奏效，共工向黄帝求援，同有熊氏结成联盟，提防着蚩尤的进攻。

共工和蚩尤之间的战争把黄帝卷了进去，这绝非偶然。因为炎、黄部落是从西北发展起来的农耕文化部落，而他们在由西向东的发展过程中，不可避免地与掌握了先进文化、正在从东南方崛起的渔猎、畜牧部落发生了冲突。蚩尤东面是大海，他只能向西方拓展。黄帝清醒地意识到，他必须参与这场战争，否则，当蚩尤消灭共工后下一个被消灭的将是自己，因此决心与蚩尤决战。于是，第二次大战爆发了。这是一场旷日持久的战争，空前惨烈。蚩尤不仅拥有先进的武器，而且英勇无比。战争开始，黄帝让应龙蓄水，抵挡蚩尤，蚩尤已经适应了这种水战，冲破了水阵，然而他犯了一个极大的错误，离开了熟悉的水战环境和他们游猎畜牧的森林，大举向北进攻到华北平原的旱地农业区。这里显然是黄帝部落的天下。双方在冀中大平原上浴血奋战。庄子在描述这次大战时说，双方战于涿鹿之野，流血百里。最后蚩尤被斩杀了。蚩尤虽然战败了，但他的英勇被后世传颂，虽败犹荣，被后世尊为战神、创设军法之神。

在蚩尤被打败后，黄帝掌握了蚩尤部落的先进文化，炎帝、黄帝之间的力量均衡被打破了，对等的联盟关系破裂了，因此双方展开大战。据说是因为炎帝欲侵凌诸侯，争夺盟主地位，可是，诸侯全部归顺轩辕。无论怎么说，黄帝此时力量压倒了炎帝，吞并炎帝势在必行。双方共展开三次大规模的战争，最后在阪泉之野，炎帝被打败。黄帝从此率领部落，大规模南迁，据说一路上又打了五十二仗，天下全部臣服。

炎黄大战打破了原始社会的宁静、和谐，文明在这热烈骚动中诞生了。

炎黄大战表明黄河流域中心文化区的形成，从此黄河成了华夏文明的摇篮，黄帝是传播中心文化区文明成果的第一位使者。

炎黄大战之后，文化发展进入了一个繁盛期。由于炎黄大战打破了一个个偏僻、封闭的氏族部落，各氏族部落之间的联系加强了。同时黄帝集中了各部落的各种文化创造，后世把衣服、舟车、文字、历法等许多发明创造集中在黄帝身上就是明证。

炎黄大战期间，产生了许多重要发明。需要是发明之母。由于需要，蚩尤冶炼金属，铸造兵器，因此大大推动了青铜时代的早日到来。黄帝则把蚩尤的成果推广到更广大的地域，因此这场战争对中国文明的发展至关重要。黄帝在战争中也有很多发明，有的史书上记载，黄帝在江淮一带与蚩尤作战，因天气长期大雾，又因地理情况不熟，经常迷失方向，因此发明了指南车。

阪泉大战，黄帝集中了他的最精锐的部队——黑貔貅貙虎。而当时黄帝的实力大大强于炎帝，尽管如此，还是经过三次大战，黄帝才取得胜利，可见炎帝部落进行了多么英勇顽强的抵抗。阪泉大战的影响极为深远。这种影响的证据是炎帝一族涌现出了被后人传颂乃至神化的英雄。比如共工，这位炎帝部落的杰出人物，他比炎帝年轻许多，与黄帝部落的颛顼斗争，虽然失败了，但是人们传说他愤怒地撞向不周山，支撑天的柱子折断了，地也塌陷下来。结果，天从西北倾斜，连日月星辰都移了位，地从东南下陷，洪水卷着泥沙向那里奔涌。这则神话真实地反映出共工身上巨大的精神能量。

夸父也是炎帝后裔，夸的意思是大。夸父是位奇伟的男子汉，在蚩尤之后被黄帝的部下应龙杀害。夸父执著的追求精神也是通过神话的形式加以表现的。夸父追逐太阳，为了要免去它带给人们的干旱。路上，他非常渴，把黄河和渭水都喝干了，向北想要到大泽去喝水，路上渴死了，他丢掉了手杖，化为桃林。这则神话表现了夸父不怕牺牲、勇敢追求的壮举。

炎帝族的另一位英雄是刑天。刑天在与黄帝的斗争中，被斩下了头颅，埋葬在常羊山上。大概刑天生前的英勇斗争太感人了，死得也一定非常壮烈，所以人们觉得像刑天这样的英雄不会白白地长眠于地下，尽管他没有了头颅，还会以两乳为目，以肚脐为口，继续英勇地战斗。刑天这种宁死不屈的斗争精神，对我们民族的影响非常深远。

炎帝的小女也是一位了不起的女英雄，人们说她死在东海中，化为精卫鸟，常常呼叫不停，衔西山之木石，填在大海之中，表现了她大海不平战斗不止的精神。

炎黄大战促进了华夏民族的形成。

首先黄帝后裔南下，同那里原有的部落逐渐融合，共同发展。这不仅推动了那里原有的氏族部落发生分化和改组，而且也带来了他们本身的分化和改组。原来各不相同的氏族部落之间，交错居住，互相通婚，因为某种需要结成联盟，这样就打破了原有部族的界限，奠定了华夏民族形成的基础。

炎黄大战后，华夏族开始形成，分散的各个部落杂错融合，成为华夏族。

有限的民主，无限的荣光

——尧舜禅让

尧

对于英雄的崇拜，对于力量的崇尚这种新观念，把原始社会推入血雨腥风之中，迎来了天翻地覆的变革时代。原始的民主、平等原则不会轻易地被抛弃，而这时拥有权力的英雄们，也需要用传统的灵光，为自己开辟新的道路，使自身放射出神圣的光彩。尧就是用手中的暴力之剑削平天下后，又让自己放射出神圣灵光的第一人。

尧是陶唐氏后裔帝喾的儿子，名叫放勋，祁姓，生于丹陵。史书上说他眉有八采，前额宽大饱满，下颌宽广。十五岁的时候辅佐他的哥哥挚，受封于唐，为诸侯，到二十岁的时候，登上了帝位。他处理政务谨慎，约束自己，明察四方，善于治理天下，使家庭亲密和睦，使诸侯国协调和顺，天下众人从此友好和睦。

尧为了巩固帝位，对敢于反抗者严惩不贷，把他们斥之为四凶，流放到边远的地方。

当他的帝位巩固之后，便让一些部落的首领到他领导的部落联盟中担任职务，后稷当农官，教人民耕种；夔被提拔为乐官，掌管乐舞等等。尧还有一项创举，设诽谤之木，在他的王宫前放上一个装饰美观的木架子，上面放置能敲响的响木，谁有意见都可以敲响这块诽谤之木，尧将随时走出王宫纳谏。后世王宫前的华表，据说就是源于尧的诽谤之木。

从尧的身上，我们可以看出当时社会意识的转变。原始的平等原则、民主传统、言论自由在部落联盟时代又重新恢复起来，并成功地被用来治国，调整人与人之间的关系，解决部落联盟之间的内部矛盾。

尧的创造性还在于实行禅让制。尧的父亲帝喾执政的时间很长，死后，把帝位传给尧的哥哥挚，尧又从他哥哥的手中接过了帝位。他执政五十年之后，决定不传位给他的儿子丹朱，而是把帝位让给一位贤德的人，这就是禅让制。禅让制仍然是旧的文化传统与新时代的社会意识结合的产物。禅让制没有退回到氏族、部落时代的民主推举制，同时他又不同于英雄时代，崇拜力的时代，以武力夺取、占据王位。他是由一位强有力的帝王，经过民主协商，把权力交给一位他信得过，大家又认可的贤德的人。禅让制创造的这种风格，这种传统文化精神与新时代的社会意识结合的形式，对中国历史的影响，远远超过禅让制本身。然而它开始时并不被人理解，也不被人接受。

尧最初要让位给当时的著名隐士巢父。当尧要把天下让给他时，巢父断然拒绝。

尧又要把天下让给许由。许由正直仗义。尧找到他说："当太阳、月亮升起来，光芒照耀大地的时候，地上的小火纵然不熄灭，但要显示出它的光亮来，不也是很难的吗？当及时的春雨普降大地，还要用大泽中的水去浸灌田地，那不是徒劳吗？夫子这样的大贤人已经树立起来了，请您来执掌天下吧。"许由说："您治理天下，天下已经大治，却要我来代替您，难道我是为了名吗？鹪鹩在林中筑巢，它能占据的不过是一枝；鼹鼠到大河里去喝水，不过能喝饱肚子；您把整个天下给我，我没有什么用。厨子即使闲着没事，也并不离开厨房去干主持祭祀的事。"许由先生不但没有接受帝位，反而逃走了。尧又召请他担任九州之长，许由不想听到这样的话，甚至认为这样的话玷污他洁净的耳朵，竟到颍水边上去洗耳朵。正巧，他的好友巢父牵着牛犊来饮水，看到许由在洗耳朵，问他是什么缘故。许由说："尧想要召请我去当九州长，我讨厌听到过他这种声音，因此来洗耳。"巢父说："你要是居住在高岸深谷之中，人道不通，谁能见到你呢？你故意到处浮游，还不是想要听到这样的话，求得名誉？这简直要把我的牛犊的口也污染了。"于是巢父牵着牛犊，逆流而上，让牛犊饮用上游的水。许由死后，就葬在箕山之巅。无论这段传说是否真实，都反映了尧要实行禅让制，并不被人理解，因为突然要接受帝王送给的天下，大概很少有人胆大包天地敢于接受，况且像许由、巢父这样的人，厌恶政治，更不会接受了。汉代还有人在箕山上见过许由的墓，似乎确有其人。

尧曾经征求大家的意见，询问谁可以继承自己的帝位。有个叫放齐的人说，尧的儿子丹朱，开明通达，可以继承大业。尧却认为丹朱言论荒谬，常常和人争论不休，影响团结，不是合适的人选。看来放齐也不理解尧的禅让，他以为尧不过是做做样子，尧肯定会像其父亲帝喾那样，把天下交给儿子的。

又过了一些时候，尧向四岳——部落联盟里四位首领说，我占据帝位已经很长时间了，希望你们听从我的意见，继承我的位置。四岳都表示自己品德恶劣，会玷辱了崇高的帝位，所以不能接受。经过多次禅让，又经过这么长的时间，四岳觉得尧的禅让之意非常真诚，不得不认真考虑。尧也下定了决心，让他们一定推荐一位高明的人选，纵然出身微贱，也可以举荐。大家一致推荐一位叫舜的人。

尧说："是的，我也听说过这个人，他怎么样啊?"四岳说："他是乐官鼓瞍的儿子。他的父亲心术不正派，后母说话不忠实，弟弟象傲慢不友好，而舜能同他们和谐相处。他用自己的孝德感化他们，又加强自身修养，不流于邪恶。"当时舜尚未婚配。尧考察了他三年，甚至把自己的女儿嫁给他，以便观察舜的言行。舜经受了各种考验，尧决定让位于舜，但舜却主张应当将帝位让给具有高尚品德的人，推辞不肯接受。在这种情况下，尧决定让舜先当摄政王，选定了吉日，举行了仪式，舜开始行使权利，主持政务。尧一直让舜摄行天子之政，二十八年后，尧去世了。虽然这二十八年的风风雨雨，未能使尧改变实行禅让制的决心，虽然舜确实没有辜负尧对他的期望、众人对他的信任，但是当尧死后，舜并没有立刻登上帝位，表示要将帝位让给丹朱，自己找个地方隐居下来。但是，由于舜已经执政二十八年，取得了很高的威信，所以诸侯都去朝觐他，而不去朝觐丹朱。舜对此无限感慨，说："这真是天意的安排呀!"其实，这更不如说是尧的精心策划，禅让制成功了。他明白要把天下交给儿子，有负天下人；把天下交给舜，虽有负儿

舜

尧舜禅让

子却利于天下，利于后世。

舜不仅从尧的手中接过天下，也接过了禅让的旗帜，他不仅将帝位传下去，也要再为禅让的旗帜添加光彩。

舜的儿子商均也是和丹朱一样的不肖子弟。

此时，禅让制的成功，赢得了大家的理解，舜深刻地理解了尧的用意，贯彻起来更加彻底，不仅体现在禅位，在用人上也不拘一格。禹的父亲鲧因治水不成被治罪，舜听从大家的意见，起用了禹，禹在治水中表现了高尚的品德和才华，得到大家的推荐。所以，舜不仅未把天下交给自己的儿子，反而把天下交给自己惩罚过的人的儿子手中。他大胆地这样做了，大家也没有提出异议。关键是他与尧不同：尧在形成禅让的思想后，一时找不到合适的人，找到合适的人选后，又不被理解；而舜把禅让制所包涵的思想精华，延伸到用人等多种政务上，所以到他要禅让时，合适的人才已经培养成熟，从上到下谁都没有异议，一切水到渠成。

舜逝世后，禹为他办完了丧事，也仿照舜过去的做法，上演了一场与舜当年极为相似的历史剧，以无可奈何的姿态，表示听从天意的安排，接受帝位。但是禹只演到此为止，下面的历史剧，禹开始自导自演。

禅让制在禹的手中呈现了微妙的变化。禹当初治水时，选择了皋陶和益做他治水的助手，当禹即位之后，他首先选择了皋陶做他的继承人。皋陶是偃姓部落的首领，当时很有实力，在治水中也非常能干，舜在位时威望很高。他曾在舜和许多部落联盟的首领面前，高谈阔论，精辟地阐述选拔人才、治理天下、敬天安民的道理。他能言善辩的才能，连《诗经》中都有颂扬，皋陶也曾当众诘难过禹。禹选择皋陶为继承人，无疑是想以此向天下人表明自己是真心地举荐贤才。确实皋陶的才能几乎没有人能够比得上。但是，事实上皋陶无法成为继承人，因为他的年龄比禹还大，至少和禹的年龄差不多，因为大禹治水时才二十岁，当时皋陶一直辅助他。由此可见，禹的禅让并无诚意，他只是利用皋陶笼络人心。皋陶被举荐不久便死去，禹又举荐益为继承人。益在禹死后，又重演舜和禹演过的那场戏，避禹之子启于箕山之北，表示谦让，请启继承帝位。然而，诸侯不去朝觐益而朝拜启；不去益那里打官司而是去启那里讼诉。理由是“启是我们君主的儿子”。益也曾辅助禹治水，也同样德才兼备，但是禹并没有像尧、舜那样，让益当摄政王，这样益怎么能够得到诸侯、部落首领的承认呢？在他们眼里益最多是个部落首领，有什么资格当部落联盟的首领呢？他们不去向益朝觐，并不是益比启的德才差，而是禹精心导演的结果。禹举荐已是耄耋之年的皋陶，有一个目的，那就是故意延迟其后继者益的佐政时间，使益根本没有时间站稳脚跟。在这同时，他树立了自己及启的威信，为启世袭帝位铺平了道路。这样，我们很清楚地看到禹的禅让，分明是一个高明的圈套，贤德的益，有才能的皋陶，都钻进了圈套，却全然不知。《战国策》的作者尖锐地指出，“禹名传天下于益，其实令启自取之”。他不但落得了禅让的美名，而且保持了自身高大的形象。但是，历史学家只能写尧舜禅让，而不能把禅让写在禹的名下。

今山西临汾尧庙

公平地说，我们今天对禹也没有什么可责备的。禅让制不过是古代权力结构演变的过渡形态。禅让就是让贤，但禅让过程中的民主是非常有限的。真正能起作用的大概只有四岳等部落首领的意见，而尧舜的决定、部落联盟首领的个人意志是举足轻重的。这与昔日氏族、部落时代不同，那时重大事情由议事会与民主大会集体讨论决定，首领由拥有选举权的人们选举产生，并能够体现公众意志。而禅让的过程不过是把部落首领的个人意志，披上了民主传统的外衣。如果不是四岳的推荐和尧的个人意志，像氏族时代那样选举，舜大概不会当选。但尧舜因禅让行为而美名远播。到了禹的时代，社会的权力结构已经发生了很大变化，部落首领的权力不断强化，禹举荐皋陶，后来又让益继承帝位，根本没有征求部落首领的意见。更重要的是：世袭制已经得到了大多数人的认同，益与启的权力斗争失败，主要原因是部落首领已经开始对世袭制认同。

从禅让制的创立到名存实亡的过程，可以看出从选举制到世袭制的巨大转变也并不是一帆风顺的。原始社会末期，部落首领们用血与火为世袭制开辟了道路，但旧的民主传统的影响还存在，因而出现了禅让制，禹则实现了由禅让制到世袭制的转变。但是这场斗争并未结束，到夏代中期让贤与世袭又经过了反复的较量。禅让制为世袭制的最后成功做了必要的准备，它是连接民主制与世袭制的枢纽。世袭制战胜了原始的民主选举制，根本原因是社会政治经济的发展，需要强化君主的权力。因为君主权力的强化对于巩固部落联盟、稳定社会具有重要作用，所以得到了社会的认同，世袭制逐渐地确立了。

尧舜禅让，让传统的原始社会文化最后一次放射出它特有的光华，禹顺应历史发展的形势与社会文化观念的转变，作为新时代的奠基者，掀开了历史发展的新的一页。

疏导，比堵塞更有力量

——大禹治水

黄河，我们的母亲河。她是这样养育她的儿女的：一方面，她不失温柔地献出她的全部乳汁哺育华夏民族；另一方面，她不时地显露桀骜不驯的性格，不断地把她的孩子抛进浊浪翻滚的黄水之中，让他们痛苦呻吟，让他们在与洪水搏斗中强筋壮骨。我们的民族就是这样长大的：既接受黄河的哺育，又遭到黄河的磨炼。生活在黄河流域的历史先民，就这样上演着惊天地泣鬼神的历史壮剧。五千年黄河水流不完，五千年英雄血流不尽。大禹治水便是这历史壮剧中的一幕。

大约在距今四千一百年左右，黄河中游的许多民族部落为了与恶劣的自然环境搏斗，为了治服水患，联合成一个很大的部落联盟。由于这个部落联盟主要活动在今山西南部，河南西部、南部，陕西东南部，占据了中原地区的大部分，历史上称之为华夏部落联盟。联盟的领袖是陶唐氏部落酋长尧。

尧当时面临的最大问题是：必须想办法治服洪水。因为这次洪水特别大，滔滔的浊浪到处翻滚，咆哮着横冲直撞，田地、房屋、庄稼、牲畜统统被淹没在一片汪洋之中。洪水逼着人们逃上高岗，山洞也成了人们的避难场所。在低地生活的人们，找不到避难所，只好在大树上搭起架子，筑起了巢，既像鸟又像鱼似的在水中生活。

在一次部落联盟会议上，尧郑重地提出了这个严峻的问题。他说："浩浩荡荡的洪水，掀起了滔天巨浪，快把山顶淹没了，也给人们带来灭顶之灾，忧心如焚的百姓怎么生活下去呢？你们看由谁来治理洪水呢？"四岳，即尧的四位辅佐大臣、诸侯之长，提出让鲧来治理。

鲧是黄帝的后裔，他的祖先由西北戎人地区迁到伊水和洛水（今河南西部）定居。鲧为夏部落的酋长时，尧封他于崇（今河南登封崇山附近），为崇伯。鲧生性桀骜不驯，恃才傲物，耿直倔强，因此与一些部落酋长处理关系不大好。

鲧受命之后，就从高处取土石把低的地方填高，也就是把水围起来，不让它随意横流。这个办法是传统的治水办法，从前共工曾经用过，结果大水冲破了包围圈，害了天下人。鲧认为共工失败的原因是围堵的范围太小，堤坝筑得太低，因此没有能堵住洪水。鲧是当时著名的建筑师。在他看来治水不过是把修筑城池的工程扩大，完全可以照搬过去的经验。他决心已定，几乎全力以赴，一干就是九年。

可是，这项工程太浩大了。尽管他在九年之中，付出了辛劳无数，在奔波中几乎丧命，结果并不妙。因为用筑坝围堤的办法，短时间内把洪水围住了，堵住了，但当洪水的能量积蓄起来之后，一旦把堤坝冲毁，大水会以更加凶猛的力量狂奔，所以，他始终未能把洪水治服。

正在这时年老的尧把君位让给了舜。舜异常聪明，他认定鲧如此治水不会成功。他的方法，或许使一方受益一时，却使他方受害无数，实际起着分裂联盟的作用，甚至会危及君位。他把鲧流放到了羽山（今江苏赣榆西南），理由是他治水九年没有成效，后来又把鲧杀了。

鲧的失败，原因很多。主要是他的思想没有从根本上适应部落联盟的新形势，仍旧停留在部落时期旧的思想模式中。昔日部落占据的地盘有限，他可以凭借自己建筑工程师的特长，把自己的地盘围起来，让水从别人的土地上流过去，这样使他在部落间的竞争中占据有利的地位。而今普天之下，莫非王土；天下之大，地方千里，怎么能把这所有的土地都围住呢？部落时期，以邻为壑的思想，在部落联盟时期过时了，行不通了，这是鲧失败的根本原因。

其次，鲧的特长是筑城，筑城与治水毕竟是两回事，昔日筑城的经验大大地限制了他在新的治水领域的思路。

第三，鲧带着过去部落时期的挑战性格加入联盟，不善于调整各方面的关系。而新的联盟则要求大家互相配合、统一行动。鲧的这种治水方法显然无助于他与各方面协调关系，反而加重了分裂。

总之，在新的部落联盟中，许多条件都变了，像治水这样的艰巨任务，对领导者的要求很高，必须从部落的小圈子跳出来；必须冲破长久以来形成的狭隘的思想观念，具有远大的政治眼光，为大多数人谋利益，因而才能协调各方面的关系，获得广泛的支持。显然，鲧不具备这些条件。历史正期待着新一代领导者出现。

历史是充满戏剧性的。鲧的儿子，二十岁的禹又接受了舜的任命，开始治水。他是在部落联盟的历史条件下成长起来的新一代，因而形成了与上代人不同的思想观念。禹是黄帝的玄孙。在中国历史上，他因治水有功，被称之为大禹，意思是伟大的禹。

大禹

禹向舜提出请求，邀请契、后稷、皋陶三位民族部落的酋长协助他管理治水的事。后来，禹又邀请益（伯益）参加治水。舜都欣然同意。他深知完成治水重任，不能靠禹单枪匹马，需要调动千军万马。

禹对先父鲧治水未成身先死，辛苦无功反获罪，感到非常悲伤。但是，他没有把这悲伤化为怨恨，而是切切实实地总结鲧治水不成的教训。他敏锐地看到鲧治水方案的致命之处，不仅实际上行不通，而且思想方法有问题。他必须从实际调查水情做起，亲自去观察水的流向，测量流速，制定出自己的治水方案。

这个方案的核心思想是变水害为水利。这是对鲧被动治水方案的一种超越，表现了新一代的新思想、新观念。他不但使像脱缰野马一样狂奔的洪水，通过疏通河川，开挖阻滞的堤坝，驯服地听从人的指挥，畅快地唱着欢歌流入大海，而且还利用池泽洼地把水蓄积起来，以备旱时之需，治水与农田基本建设结合起来。所以，禹的方案是个全面地综合治理的方案。这个方案一方面使参加治水的部落直接受益，调动了他们的积极性；另一方面又充分发挥了部落联盟的作用。正是在与水患的英勇搏斗中，统一的华夏联盟壮大坚强起来，挽起来的民族臂膀在洪水的冲击下，日益坚韧。许多历史文献都记载了大禹忍辱负重，吃苦耐劳的形象，说他小腿上的汗毛全都被泥土粘掉了、磨光了。头上束发的簪子、帽子掉了都顾不上拾，面目黎黑，身体枯槁，步履蹒跚。在后世人的心目中，他就是民族的脊梁。

禹十八岁就结婚了。在嵩山之下，颍水岸边，有一个温馨幸福的家。妻子出身名门，并身怀六甲。禹为治水大业，抛家捐妻。当妻子生了儿子还不到七天的时候，禹路过自己的家门，乡邻们看到他，兴奋地向他报喜，希望他回家看一看娇妻爱子。禹心里一阵激动，可他说，治水刚刚开始，实在没有时间。乡亲们佩服禹这样的男子汉，但又希望他能给妻子一个安慰，就出主意，让禹给儿子取个名字。他说就叫启吧。启是欲言未言，禹的千言万语都在不言之中；启是开，治水刚刚开始；启是开拓，治水需要开拓进取；启是冲破黑暗，光明就在前头；启是明达，他希望儿子将来能理解自己；启是行，是前进；启是跪，表明他为愧对妻子儿子而内疚。过了五年，启已经五岁了。禹又一次路过家门，他多么想见一下朝思暮想的妻子和未曾见面的儿子啊！可他还是未入家门。启听乡邻说完这件事，竟然放声大哭起来。就这样，大禹治水十三年，三过家门而不入，成为感人至深的一段历史佳话。

禹在治水平土中善于团结各个部落酋长和他们的百姓。参加领导治水的契、后稷、皋陶和益，不但把各种事情管理得有条不紊，还充分发挥了各自的特长。比如，后稷就指导百姓在低洼地带种植水稻，千方百计地解决百姓的吃饭问题。

大禹还特别珍惜时间，用十三年时间踏遍了祖国的山山水水。他的治水工程主要在黄河中下游。由于禹的勘察，中国有了第一部地理学专著《禹贡》。

疏通河道，导水入海是大禹治水的主要任务。被大禹治理过的河流，根据《禹贡》记载，主要有：陕西境内的沣水、渭水，山西境内的汾水、漳水，河南的洛水、伊水、古济水，山东境内的灉水、沮水。

《左传》上说：茫茫禹迹，划为九州。这是什么意思呢？禹的九州只是九个大致的自然区，疆界不会十分明确。禹是顺着自然的山势、地势、水的流势，进行疏导治水的，结果河流山脉、池泽正好成了自然区划的界线。严格地说不是禹的足迹划为九州，是禹治理过、勘察过的山、水、池泽划定了九州，禹不过是把祖国的地势、山水的脉络摸清了，因此认清了中国的地理大势，因而能够划为九州。禹划九州，不仅有了中国自然地理的最早区划，同时也进行了大规模的政治地理的划分。禹治水之后，人民纷纷从高山岩穴，迁回到平原、丘陵地带，过上了安定的日子。过去水患和部落的分散性，使各个部落以邻为壑，

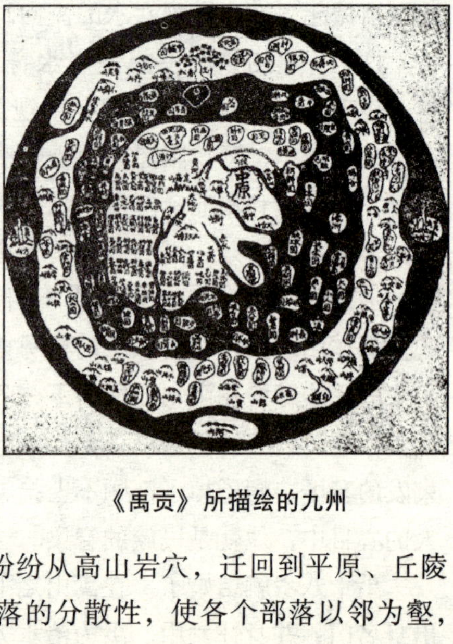

《禹贡》所描绘的九州

争斗不已；或者由于干旱争水，彼此动武。如今旱能灌，涝能排，因此，昔日的仇敌，今日拱手施礼了。

制服滔滔洪水之后，为了表彰禹的丰功伟绩，舜召集华夏部落联盟的酋长们，为禹开了一个盛大的庆功会，会上举行了隆重的祭祀仪式，给禹的奖品是玄圭。玄圭是用黑色的玉石琢磨成的上尖下方的礼器，它是建立了丰功伟绩的象征。

孔子说："禹！我简直找不到非议他的地方。他吃得很差，穿得很朴素，住得很简陋，尽力平治水土，开沟洫，发展农耕，鼓励人民从事农耕。"禹带给世世代代炎黄子孙的精神力量不可估量。多少仁人志士以禹为榜样，前赴后继地为民族、为国家、为百姓流尽血汗。

今浙江绍兴大禹陵

禹在华夏部落联盟中威望很高。这时舜已经八十三岁了。他看到禹在治水中使联盟巩固、发展，不仅中原地区有更多的氏族部落加入联盟，东南方的东夷集团、南方的苗蛮集团、西北的羌戎集团中的许多氏族部落也先后加入了华夏集团联盟。舜挑选了禹做接班人。按照联盟的传统，如果联盟会议通过，四岳说"可"，舜就主动退位，禹便以摄政大臣的身份，执掌国政。毫无疑问，这一切都进行得很顺利。

三苗因治水未受赏，对禹耿耿于怀，当舜推荐禹做华夏部落联盟领袖时，便起兵大举进攻。禹正想把联盟的势力伸展到长江流域，以便进一步巩固联盟的统一，于是决定征战三苗。

誓师以后，禹率领五千人的主力部队出发南下，沿途联合了一些受三苗侵扰的氏族、部落，直抵三苗的根据地——江汉流域。三苗前来抵御。禹的部队经过严格训练，气势很盛。苗军大乱，纷纷四散。大部分向南逃，也有的向北方、东方逃去。后来只有向南逃的苗民得以保存，其他苗民有的沦为奴隶，有的被融合在其他民族之中。相传我国南方、广西、广东及云南、四川、贵州等地的苗族，其祖先就是三苗。

禹对三苗的这次征伐，使多年来一直同华夏集团对抗的南方民族瓦解，也震动了北方民族和东夷各部落，他们纷纷表示愿意归顺。史书上说，禹胜三苗，“四方归之，辟土以王”。说明华夏部落联盟在禹的努力下有了很大发展。

舜有禹这样强有力的接班人，自然可以安心退位了。他让出王位，按照传统，出外巡狩。这位昔日的领袖，终于可以在巡狩中散心、游乐。他带了两个妻子——娥皇、女英，跨过长江来到苍梧山下（今湖南宁远南部）。此时，年迈的舜，心有余而力不足，病死在苍梧。后人把舜的死加以升华，变为一段感人至深的神话——

舜喜欢苍翠的山岭，而娥皇、女英更喜欢在湖水边嬉戏。于是，舜把她俩留在湘江岸边。当舜独上苍梧不久，竟传来了噩耗，这使娥皇、女英二妃极为震惊悲痛。她们由湘江边上直奔苍梧。湘江两岸长满了青翠的修竹，二妃不时抚在竹子上恸哭，泪洒湘竹。她们的泪流干了，眼睛流出的是血，青竹上布满了斑斑血泪。从此，湘江边的竹子上，布满了泪痕一样的斑痕，再也抹不掉，人们称之为“斑竹”。“斑竹一枝千滴泪”，可见娥皇、女英一定是哭得泪人一般，才为我们留下了“湘妃竹”。后来，娥皇、女英太伤心了，共同跳入她们热爱的湘江之中。

舜死后，大家坚决拥护禹，禹只好继续带领大家向前走。禹即天子位，南面朝天下，国号夏，姓姒氏。这样，我国历史上第一个王朝——夏王朝诞生了。时间大致在公元前2100年到前2000年之间。

雄赳赳的“殷革夏命”
——商汤灭夏

中国上古时期的国家结构是部落统治。在这种国家结构下，一个强大的部落方国征服周围的其他方国，从而建立起自己部族的统治。夏代自孔甲之后，矛盾不断激化，统治不断削弱。与此同时，在夏朝的东方，商族正在不断发展和壮大。

桀是夏代的最后一位帝王。到桀时，夏朝共传十四代，十七王，历经四百多年。夏朝的统治中心，东面到达黄河下游和济水流域（今河北东南部和山东），西面到华山（今陕西东南部），南面到伊水流域（今河南西部），北到羊阳（今山西晋城一带）。

相传桀是一个有才智又有勇力的人，他能一人生擒野牛、虎，空手能力断钩索。即位后，有施氏投其所好，把一个名叫妹喜的美女献给桀。桀见了妹喜，笑逐颜开。

王权越是专制，帝王本人也就越穷奢极欲，桀在今河南洛阳附近建倾宫、瑶台，用尽了百姓的财力。当桀登上高大的倾宫，俯视其下，觉得自己就像天上的太阳一样，高高在上，永远享不尽荣华富贵。而老百姓却暗地里骂道：“你这位太阳什么时候发丧，我们宁可同你一起死亡！”倾宫中修建了一个很大的池子，里面灌满了酒，称为酒池。酒池边无数男女戏乐，一阵鼓声过后，三千人跑到池边像牛一样地低头饮酒，有的醉了之后，竟死在那里。夏桀的乐工舞女多达三万人，倾宫内靡靡之音不绝于耳。他还在深谷之中筑长夜宫，宫中男女杂处，终日不出。

由于他纵情玩乐，长期不理朝政，有个叫终古的太史，多次向他进谏，苦苦哀求，得到的只是一顿责骂。终古于是逃出夏都，投奔到正在崛起的商汤那里。

另一位官员关龙逄见终古苦谏无效，于是变换了一种方式。他手捧“皇图”来倾宫求见。皇图绘有桀的历代祖先们的功绩。关龙逄越说越激动，竟指责夏桀挥霍无度、随便杀人。桀勃然大怒，把关龙逄当场杀死，焚毁了皇图。从此贤臣绝迹，言路堵塞。

商汤

夏朝的诸侯商，此时已经逐渐发展壮大，其首领是汤，又名履。商汤最大的功绩是实现了“殷革夏命”。他能够实现这场改朝换代的革命，主要是他把握了时代脉搏，充分利用了时代为自己提供的机会。到了夏商之际，由于夏桀的专制、暴虐，人们更加怀念尧舜时代，希望圣明君主的出现。

一次，汤到荒野之中，看到人们四面张网准备围捕禽兽，并祝祷说，天下四方的禽兽都撞到我们的网里。汤见到后，感叹地说：“这样做不是赶尽杀绝吗?”汤让他们撤去三面的网，只留下一面的网，并且亲自祝祷说：“禽兽们想往左跑就往左逃命吧，想往右跑就往右逃命吧！我只要那些违犯天命的。”那些诸侯听到这件事后都说：商汤把他的德惠都及于禽兽，更何况人呢？于是四十个诸侯国弃夏归商。所以后人评论说，放置四面网未必得到鸟兽，汤去掉三面网，留下一面网，却网罗了四十国，汤不仅仅是捉到了鸟兽啊！

对于尧舜之道的渴求是当时强大的社会思潮。商汤正确地把握了这一点。隐居的伊尹是当时著名的贤者。他的处世原则是严格地按照尧舜之道行事。不合乎仁义，不合乎尧舜之道，就是把掌管天下的大权作为俸禄给他，也不回头看一看，就是用四千匹马来拉他，也不屑于一顾；不合乎仁义，不合乎尧舜之道的，就是像一粒草籽那么微小也不轻易地从别人那里索取。商汤看中了伊尹这一点，派人带着贵重的礼物聘请他。伊尹自视清高，不为贵重礼物所驱使。商汤多次聘请之后，伊尹才幡然醒悟。他决定辅佐商汤。商汤得到了学识渊博、才智过人、处事聪敏的伊尹，如虎添翼。结果“殷革夏命”，势如破竹，风卷残云，十分成功。商汤十一次征伐，大获全胜，天下无敌。他向东面征伐，西夷人便埋怨他；向南面征伐，北狄人便埋怨他，都说：为什么不先到我们这里，却把我们放在后面呢？商汤俨然成了大救星。

灭掉了与夏王朝关系密切的诸侯国葛之后，商汤派伊尹到王都观察桀对此事的反应。伊尹带了方物、贡品来朝贡，桀问：“商侯为什么要灭掉葛国?”伊尹回答：“葛伯不祭祀，商侯送给他许多牛羊，葛伯把牛羊吃了却还不祭祀；商侯派人帮他耕种，他不但不感激反而杀害送饭的人。商王见他如此不仁，有损夏王您的威望，才把他杀了。”夏桀点头不再说什么。伊尹又说是商侯派他来伺候天子，他愿意听从天子的差遣。夏桀只顾寻欢作乐，伊尹在他身边住了三年，竟什么事都派他去做。于是，伊尹了解了夏桀的一切，向商汤献计：桀虽暴虐无道，但夏王朝毕竟是四百多年来天下尊崇的共主，因此，必须等待时机，还要蓄积力量，继续削弱夏朝势力。

与商毗邻有三个忠于夏朝的诸侯国。这三个强大的诸侯国执意以商为敌，经常向桀报告汤的不法活动。汤和他的谋臣伊尹等决心灭掉这三个诸侯国，以剪断夏桀羽翼。不幸此事被夏桀得知。桀为了及时遏止商的势力继续扩大，派臣征召商汤入觐。汤没有理由拒绝，于是随使前来。桀下令把汤囚禁在夏台。

伊尹等人得知汤被囚禁，千方百计地搜集珍宝、玩器和美女，送给夏桀，又以他们能言善辩的口舌，为汤说情辩护，桀下令释放商汤。汤返回商，竟像英雄凯旋一般，受到五百诸侯、方伯、贵族的慰问。他们纷纷要求到商供职，愿意受汤的差遣。

汤和伊尹等人经过一番谋划和准备，率领各诸侯联合军队，先后消灭了三个诸侯国中的豕韦和顾国。只剩下昆吾了，昆吾求救于夏桀。夏桀大怒，下令九夷之师征商。伊尹对夏桀这位专制君王的心理了如指掌。他认为东夷之民还听从桀的调遣，此时硬拼难以取胜。等待时机成熟，灭夏才能成功。商汤采纳了伊尹之谋，班师回商，写了一封悔罪的奏章，派使臣到夏都陪罪。桀身边的谀臣纷纷向桀祝贺：“天子真是威震天下，连强大的商侯都如此畏惧，兵戈未动，天下已服。”夏桀更加安心饮酒作乐。

夏桀罢兵不征伐商汤，昆吾决定向商主动进攻。结果昆吾大败，商更加强大。

这时，伊尹献谋：“今年本应向桀入贡，我们先不要向他进贡，看一看他有什么反应。”当夏桀得知商汤灭掉了昆吾，而且胆大包天，不来入贡，再次下令九夷之师起兵攻商。然而，夏桀对九夷已经失去威慑力，九夷并没有出兵攻商。伊尹说：“可矣。”商汤这才开始率军伐桀。

汤和他的谋臣伊尹等人率领七十辆战车和五千步卒组成的军队浩浩荡荡地向西挺进；夏桀调集了全部人马，气势汹汹地开出王都。夏商两军在鸣条（今河南封丘东，或说今山西安邑镇北）之野摆开阵势。会战前夕，汤对参战的各个诸侯、方国的将士们，庄严地宣读了伐夏的誓词：

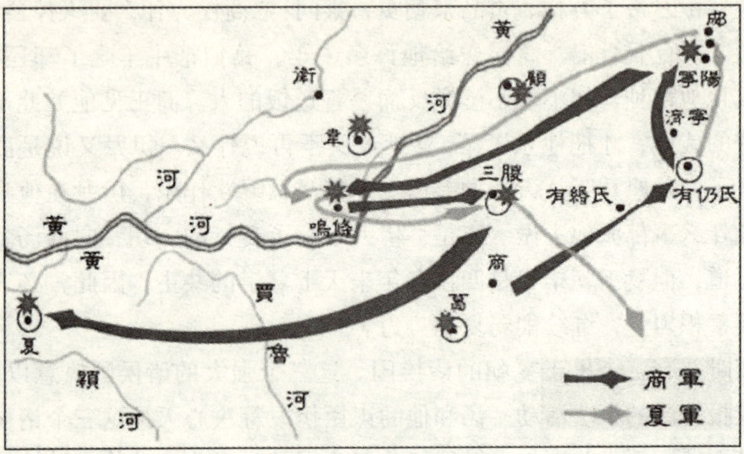

鸣条之战示意图

“你们大家听我说：不是我胆大包天犯上作乱，而是因为夏桀罪恶滔天，我奉天命来诛杀他。大家都明白作为帝王的夏桀，根本不顾我们的死活，荒废了我们赖以为生的农事，背叛了夏朝的优良传统。老百姓忍无可忍，竟然说：‘你这个太阳何时发丧，我们愿意和你一起走向死亡。’他的德行败坏到这种程度，所以我今天一定要去讨伐这个天怒人怨的暴君。你们要帮助我，实行上苍对他的惩罚。”

经过动员，士气大振。两军在一场大雷雨中，在鸣条之野展开大战，商军真的以为这场大雷雨是上帝来惩罚夏桀的，作战更加勇敢。最后，夏桀带了五百残兵逃走，被商军捉住。商汤把夏桀监禁在亭山。夏桀对人说：“我真后悔，当初没有把商汤立即在夏台杀掉，今天才落得如此下场！”商朝建立三年之后，夏桀忧愤病死在亭山。

商汤挥师西进，很快占领了夏都斟寻。夏朝的亲贵大臣表示愿意臣服商汤。商汤在斟寻举行了隆重的祭天仪式。这样，我国历史上第一个王朝至此宣告结束。时间大约是在公元前1750年至公元前1700年之间。

商汤并没有立刻登天子位，而是率军回到亳。因为他是打着行尧舜之道的旗帜讨伐夏桀的。而尧舜是实行禅让制来传承帝位的，汤自己却是用武力夺取帝位的。这显然与自己一贯标榜的行尧舜之道不相符合，这使他感到惭愧，唯恐贸然登上帝位，不仅天下人不服，反而会给人留下口实。这时商汤的左相仲虺劝勉他说，商汤代夏是顺承天命，应该以有德者取代无德者。

与此同时，商的声威早已达于八方，各地诸侯、方伯及大大小小的氏族、部落的首领，纷纷带着方物、贡品来到亳朝贺，表示向商汤臣服。就连远居西方地区的氐人和羌人部落也来朝觐。数月之间，三千诸侯大会于亳。这时，汤才登上天子之位。他在诸侯面前告祭于天，宣告商王朝的建立，至此，完成了“殷革夏命”。

汤建国后不久，发生了旱灾并延续了七年之久。烈日暴晒，河干井涸，草木枯黄，庄稼无收，人民困苦异常。虽然伊尹教民打井开沟，引水灌溉，但旱情愈来愈严重。自天旱发生，汤便在郊外设祭坛，天天派人举行祭祀，祈求上帝除旱下雨。最初的祭祀仪式是在木柴上放上牛羊猪狗等牺牲，然后点燃。汤命史官向天地山川祷告说：“是不是因我们的王让人民受了疾苦？是不是官吏受贿贪污？是不是小人谗言流行？是不是女人干扰政事？是不是宫室修得太大太美？为什么还不快下雨呢？”大旱延续七年，这种祭祀活动升级，祭坛移到一个叫桑林的地方，汤亲自率领大臣们举行祭祀求雨活动。祭完之后仍未下雨。史官们占卜问其原因，说是要人牲，就是把活人放在柴上焚烧，让此人去上天祈雨。汤说：“我祭祀占卜求雨是为了百姓，怎么能让人去遭此焚烧之苦？就让我亲自去吧。”汤把头发和指甲剪掉，沐浴洁身，向上天祷告：“我一人有罪，不能惩罚万民；万民有罪，都是我一人的错。不要因为我一人而使万民受苦，生灵涂炭。”祷告完毕便坐在了烧柴上，准备以自身为牺牲，在大火中被焚烧。在大火还未燃起时，天忽然下起了大雨。汤的这种勇敢牺牲的精神，使人非常感动，赢得了广泛的敬佩和赞誉。人民用歌唱来颂扬汤的德行。汤命伊尹把这些歌曲收集起来，编成乐舞，取名为“桑林”，也叫“汤乐”。

商汤舍身求雨

商汤革命还实行了一些改朝换代的措施，例如：改正朔。夏历建寅，以正月为岁首，正月初一为一年的开始。商正建丑，即以夏历的十二月为岁首，每年十二月初一为一年的开始。夏称一年为一岁，商称一年为一祀。易服色，尚白。夏的衣服尚黑，即尊崇黑色，商改为“尚白”。商不光是衣服以白色为主，就是旗帜、器物，驾车的马，祭祀用的牛、羊、猪、狗也以白色为主。考古发掘，在商代遗址出土了不少白色陶器。朝觐也改在白天举行。

汤和伊尹把夏的九尊铜鼎搬到了商都。这九鼎象征天下九州归于一统，万国家邦心向夏禹。迁鼎于商，说明商虽灭夏，但仍尊崇夏禹之德。商朝取得禹的九鼎，尊崇大禹的德行，因而受到人们的拥戴，也才有延续六百多年的江山社稷。

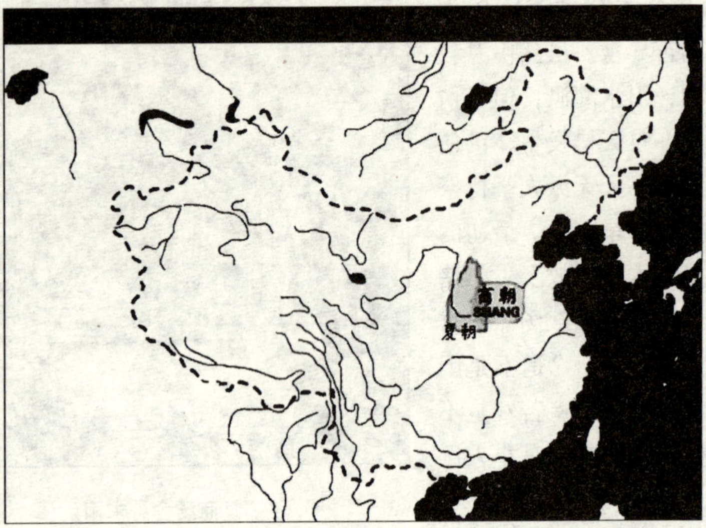

夏商疆域

千古贤臣旷世奇事
——伊尹放太甲

有莘氏的一个采桑女，有一天去采桑，她在一棵长空了的桑树树干的空洞里，捡到了一个婴儿，便把这个婴儿献给了有莘部落的首领。有莘部落首领把这个婴儿交给了庖人——厨师，让庖人收养，同时调查婴儿的来历。原来婴儿的母亲家居伊水河的岸边。有一天，她梦见神灵告诉她：如果看到石臼里往外冒水就赶紧往东方跑，千万不要回头看。第二天，她看到石臼突然往外冒水，急忙去告诉村里人，让大家赶紧往东逃，她们一直跑了十里。这位已经怀孕的母亲实在太累了，想歇一会儿，这时她不禁回头看，看到村邑已经被大水淹没了，可她自己也因这一望，化作了一株空桑。后来有莘的那位姑娘在这株空桑中发现了婴儿。由于婴儿的母亲居于伊水岸边，便为他起名叫伊尹（也有人认为尹是官名，其原名为伊挚）。伊尹长大后成了商汤的辅佐大臣，以超凡的才智、显赫的功绩、美好的德行、无限的创造力，永垂史册。他的出身也被赋予了神话的美丽色彩。

伊尹是位从伊水流域流落到有莘氏的奴隶。少年时代经历过许多苦难，长大后做过厨师，种过地。有莘氏姒姓，是夏禹后裔建立的一个诸侯国（其地在今河南开封陈留，一说在今山东曹县北）。伊尹深知夏桀一定灭亡，想扶助一位德行好的诸侯取而代之。当时，有莘的国君是比较好的诸侯，由于伊尹会烹饪，便在有莘国君身边当了一名厨师。有莘国君发现了他的才干，提升他当了管理膳食的小头目。伊尹本来想劝说有莘国君担负起灭夏的重任，可是他越对这位国君有所了解，越觉得这不大可能，以有莘国君的性格，不会去贸然反抗夏桀。于是他又回到郊外耕种。这时，商与有莘经

伊尹

常往来，汤见伊尹才华过人，多次请他到商来施展抱负。伊尹开始清高，后来终于想通了。可是伊尹毕竟是奴隶，没有行动的自由。这时，商汤想与有莘联合，要娶有莘氏的一位姑娘为妃，伊尹便作为这位姑娘陪嫁的媵臣来到商。

伊尹来到商汤身边，仍然做厨师，每天利用侍奉进食的机会，分析天下形势，以及怎样替天行道，推翻夏桀这位暴君。汤觉得伊尹的思想与自己相合，而才智远远超过自己，便免去了伊尹的奴隶身份，开始任用他。汤的另一个重要谋臣仲虺则是贵族。三人各有所长，志同道合。正是有了这样一个足智多谋的核心，才得以完成“汤武革命”的重任。

商朝建立后，伊尹继续协助汤处理内外政事。十三年后，汤病逝于王都。因长子太丁在汤死前突然病死，伊尹和仲虺扶立太丁的弟弟外丙为王。外丙只做了三年的商王就去世了。外丙的弟弟仲壬继位。仲壬在位四年而逝。这时仲虺也已病死，伊尹就立太丁的儿子太甲继位为商王。

太甲名至，是汤的嫡长孙。太甲做了商王以后，四方臣服，风调雨顺，五谷丰登，国泰民安。太甲逐渐享乐起来，不理政事，还任意处罚和杀戮不顺从他的人。伊尹向他讲述商汤的遗训，规劝他改邪归正。

那是太甲元年十二月的一天，伊尹在祭祀成汤的仪式上，先侍奉太甲恭敬地叩拜先祖的灵位，然后阐述成汤建功立业的大德，用意是为了教导太甲。伊尹说：“古代夏的先王禹恭行美德，使山川鬼神都异常安宁，鸟兽鱼鳖自在地繁衍。而禹的后世子孙，不遵循先王的治国方针，皇天降下灾祸，假借我们的先王商汤之手，在鸣条严罚了夏桀。从此，商开始在天下显示神武的美德。当今的王要继承先王的美德，树立仁爱。汤王说过：胆敢在宫室里经常纵情饮酒、放纵地欢歌曼舞，这叫行巫觋之风；胆敢贪求财物、女色，迷恋游乐、打猎，这叫邪恶之风；胆敢轻慢侮辱圣贤，拒绝忠直良臣的规谏，疏远年高德望的人，亲近愚顽荒谬的人，这叫乱世之风，以上三种风俗、十种过错，卿士沾染上一种，家必丧；诸侯沾染上一种，国必亡。臣下如果不能匡正君主的错误，就要给他脸上刺字涂墨。后代君王臣下都要念念不忘，时刻警戒。善事不要因为它小就不做，君主的小善，会使天下人庆幸。不善的事，不要因为它小就以为做了也无妨。君主作恶不大，也可能导致亡国啊！”

我们可以看出，伊尹在太甲面前摆了三面镜子，第一面是夏禹，他为民立功，人民永远敬佩他；第二是夏桀，他暴虐伤民，失德亡国；第三是成汤，他除暴安民，赢得天下。他同时把汤王的训诫当作上方宝剑，以此来教导太甲，训诫百官。可是他越是如此教导，太甲越觉得他多事，根本听不进去。太甲想，难道继承王位是为了受苦受累，被万民使唤？祖先夺得天下就是为了让后世子孙享乐。因此，他认为是伊尹想要篡夺他的王位。伊尹与太甲的矛盾越来越尖锐。伊尹见劝谏无用，太甲如此放纵，做长辈的实在脸上无光。他在这样的情况下，把太甲囚禁在王都郊外的桐宫（今河南偃师附近）。

太甲即位的第三年二月初一，伊尹迎接太甲回到国都亳。并且作书：“人民没有君主，就不能更好地生存下去；君主没有人民，就不能取得天下。皇天眷佑商朝，使我们的后继君王能够修善积德，这是事关千秋万代的大喜事。”

太甲拱手叩头，说：“是我昏庸糊涂，以致降低了自己的人格。天作孽，还能躲避；自作孽，不能免祸。过去我违背了您的谆谆教诲，还望您匡正。”

伊尹再三告诫太甲：“天道无情，只有虔敬的人才能亲近它；百姓的心最公平，只有行仁义之道的人才能受到拥戴；鬼神并不专门护佑哪一个，只有真诚的人才能得到护佑。保住天子之位真难啊！没有忧患意识，江山怎会平安？不奋发有为，事业怎会成功？天子美善，世风才会纯正，才能国泰民安。”

太甲居桐宫三年，确实思过、自责、改悔；另一方面他看到伊尹摄政三年，诸侯宾服、百官敬仰、内外皆顺，觉得自己确实应该向这位德高望重的长者学习，听

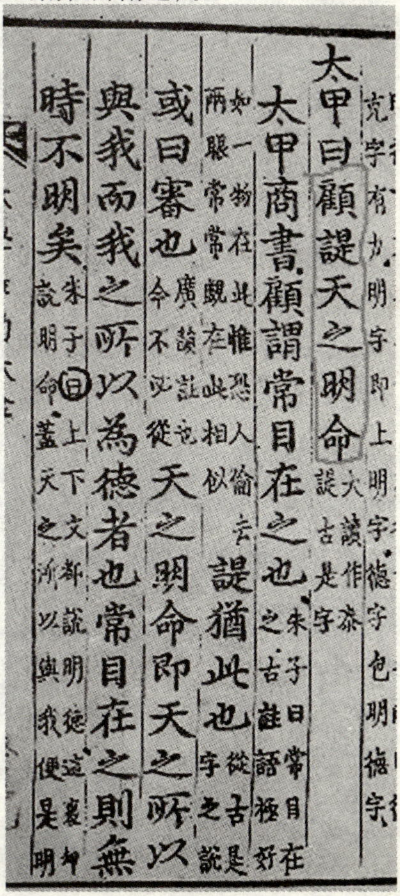
太甲曰顧諟天之明命
太甲商書顧謂常目在之也
或曰審也 諟猶此也
天之明命即天之所以與我而我之所以為德者也常目在之則無時不明矣

伊尹放太甲的故事在《孟子》、《左传》等书中均有记载

从他的教诲。于是当伊尹还政给他后，太甲继续为王，效法成汤，以德治民。伊尹非常高兴，可仍有些担心。他内心矛盾，一方面，既然交还了权力，就应该回到自己的封地，退隐终老，可又唯恐太甲品德不够纯一，于是又写了《咸有一德》，劝诫太甲操守先王祖业，使百姓幸福。

伊尹放太甲是王权观念发展的一个高峰，也是统治集团内部解决矛盾的新方式，对当时以至以后历史发展的作用不可低估，尤其对商王朝的长期稳定起了重大作用。但是对这件事古书上也有不同的记载。比如《竹书纪年》上记载：伊尹为篡夺王权，才把太甲放于桐宫。伊尹自己做了七年的王，得不到拥护，太甲乘机从桐宫中逃回王都，杀了伊尹，恢复了王位。许多学者据此对伊尹放太甲作了不同的分析。但是从出土的甲骨卜辞来看，后世商王有过许多隆重祭祀伊尹的记录。在发现的甲骨卜辞中，伊尹被列为老臣中的第一位。伊尹确实应该享有此种地位，因为他不仅辅佐汤灭夏，建立商朝，还扶立外丙和仲壬，又教诲太甲改过。也正因如此，他才有资格有能力放太甲。古书说伊尹家“世世享商”，也就是世代受商人祭享。如果伊尹篡位，后世商王的祀典中大概不会给他这么高的地位。

到了春秋时代，公孙丑对孟子讲述了伊尹放太甲这件事，问孟子：“贤德的人做臣子，君主不贤，那么可以像伊尹那样流放他的君主吗?”孟子回答：“有伊尹那样的心志就可以，没有伊尹那样的心志就是篡权。”孟子的回答可谓两全。伊尹以纤毫不取之志，故能行此非常之事。伊尹不仅使太甲之后的商朝稳定下来，而且对商朝绵延六百年之久起了重要作用。

今河南虞城伊尹墓

伊尹看到复位后的太甲，修德安民，相信他能继承汤的遗志，就不再参与朝政。但太甲只做了十二年商王便病死。他的儿子沃丁即位为王。沃丁即位八年后，伊尹病死。沃丁用安葬天子的规格为他发丧，亲自为他守丧三年，以报答伊尹的恩德。相传伊尹享年百岁，葬于亳。

复兴曙光划亮殷的天空
——盘庚迁殷

汤灭夏后建立的国家，有人称之为商，有人称之为殷，也有人合称之为殷商。商与殷最初都是地名。商，即今河南商丘。那么，殷是哪里呢？往下看你就知道了。

盘庚

汤立国后，国都先后迁徙了五次。到盘庚即位时，国势衰弱。商朝的王位继承制基本上是兄终弟及和父死子继并存，也就是说，不是严格的传子制。每当一位商王去世，都要上演一场争夺王位之战，并引发一系列问题。

内忧外患使即位后的盘庚不停地寻求解救的办法。他要效法成汤等先王来一场变革，但是所遇到的阻力也是前所未有的。盘庚经过十多年的努力仍然没有改变不良局面，如此下去，商王朝就有灭亡的危险。盘庚必须为商王朝找一条出路。他决定迁都。

盘庚经过周密思考，选择了殷（今河南安阳小屯）。殷是商的祖宗发端地之一，地处黄河以北，洹水之滨，最适于控制四方。从战略上说，有利于防御北方、西北地区各方国、各少数民族的侵扰。从政治上说，迁到殷，远离旧都，可以摆脱王族在旧都发展起来的各种势力，使王部内部矛盾得到缓解。从经济上说，避开水涝不止的泗水流域，迁到一块肥沃的土地上，更有利于发展农牧业生产。

盘庚宣布要迁都到殷以后，遭到了不少人的激烈反对。在商代，许多军国大事的决策，并不是由商王一个人说了算，而是由各方面的代表人物共同商议，他们可以直言不讳地发表意见、陈述见解。据说在商代重大决策要谋及卿士、庶人、卜筮。这次反对迁都到殷的主要是王族中那些占有大量土地和财富的人，迁都之后，无疑会使他们的利益受损。贵族们于是散布流言、欺骗人民，使一些平民也反对迁都。

盘庚就一批又一批地把反对迁都到殷的人们找来，向他们解释自己的行为。《尚书·商书·盘庚》记录了盘庚的话，以及这一重大决策形成、实施的过程。

今河南安阳殷墟，甲骨文发现地

“你们留心听明白我的话，不要疏忽误解了我的旨意。从前，当令人受苦的大灾降临，先王们不是想着自己在都邑安居，而是考虑臣民的利益，向远方迁徙避难。你们为什么不仔细想想先王留下的故事呢？我迁都是想让大家安居乐业，过上好日子，并不是因为你们有罪而用迁徙来惩罚。我呼唤大家到新的都邑去，这非常符合大家的需要。现在我打算率领大家迁徙，使国家安定，大家的日子过得更好。可是你们不体谅我内心的痛苦，反而竟糊涂地产生了无谓的惊恐，还想用那些不正确的想法来动摇我的决心。本来大家已经走投无路，现在又自寻烦恼，就好像坐在船上，又不想渡过河去，难道坐等船朽之后沉下去吗？如果这样，沉下去的就不仅仅是你们，恐怕连要救你们的人也会一起沉没。你们不审时度势，只是一味地抱怨发怒，有什么好处呢？

“我要从困顿之中把你们拯救出来。我怎么会用威势强迫你们呢？从前我们的先王已经烦劳你们的祖先和父辈，我有责任养育你们。如果你们心中怀有恶念，我们的先王将会告诉你们的祖先。你们的祖先就会抛弃你们，不会来挽救你们的死罪。

“现在我告诉你们：我的迁都计划不会改变，对于我忧虑的事，你们要警戒，我们千万不要相互隔绝疏远。你们应当放弃那些不正确的念头，跟从我到新都去。让我们心平气和，和衷共济。假如有人图谋不轨，心怀不善，违法犯禁，我就要灭绝他们，不让他们恶劣的孽种在新都邑中延续下去！”

殷墟的甲骨文碑林

盘庚晓之以理，动之以情，充分利用商代人敬畏祖先、信奉鬼神的心理，努力让人们跟他到新的都邑去。在迁徙的路上，有些人满怀信心，相信跟随这位有作为的君主会开拓出新的业绩；有些人忐忑不安，不知等待自己的是福还是祸；有些人心怀畏惧，唯恐倘不随从就会招来祸殃；有些人为在迁徙中丧失的财物而痛惜抱怨。无论如何，盘庚达到了目的。他开始营建殷都，宫室、房屋和其他设施，一切从简。粗糙的居所、用具，使人的思想行为安于质朴，一扫昔日王族中奢侈淫逸的风气。紧张的营建、开垦，艰苦奋斗的精神，使大家齐心协力，奋发向上，一改昔日勾心斗角的内耗。此时盘庚的臣民们，虽然疲惫不堪，但心情舒畅，好像清新的空气改变了人的精神面貌。商朝后期二百七十三年的基业就是这样奠定的。

盘庚迁殷在商朝历史上是一个转折点，这转折必然有一些人不理解，他们散布不满言论，消极怠工。这些人当中有些是王室贵族，有些是世勋老臣，他们的言行在民众中有很大影响。建起简陋的住所后，盘庚安顿好宗庙社稷，举行隆重的祭祀仪式，还用龟甲进行了占卜。之后，盘庚严肃地对臣僚、方伯、诸侯讲明：“你们不要懒惰，要把我们的使命建树起来。我现在愿意掏出心肝，让你们明白我的心志。你们不要心存怨怒，散布流言。希望你们在为百姓谋生上立功。要把美德、恩惠施于百姓，永远与民众一心。”

盘庚把都城迁到殷邑后，一些臣民不喜欢住在这里。盘庚耐心开导臣民，又教导在位的大臣遵守旧制，重新以法度正天下。他说：“不能让有些人凭借小民的怨言，达到反对迁都的目的。”于是盘庚便命令臣民，全部迁到王廷来。

殷墟出土的甲骨文

盘庚说："来吧，你们各位，我要郑重地告诉你们，抛弃个人的私心，千万不要自以为是，追求安逸。我们的先王，谋划重大的事情总是和老臣共同商量，大家共同管理国政。对于先王发布的政令，大家提出各种修改意见，因此，先王很敬重他们。先王的大臣从不在臣民中随便散布不满的议论，因此，百姓执行政令总是坚定不移。现在你们到处随便议论，不辨是非，到底意欲何为！

"并不是我背弃了用人的美德，而是你们在众人面前的表现太恶劣失德。我对你们的行为看得很清楚，洞若观火。如果你们现在不慎，大祸终将临头，像懒惰的农民不勤劳耕种，到头来就不会有五谷丰登的年景。

"从前，我的先王与你们的祖先共同奋斗，共同享乐，我怎么敢对你们随便惩罚呢？你们世世代代都有功劳，我也不会埋没你们的美善。每当我祭祀先王，你们的祖先也跟着一同受到祭祀，无论是赐福还是降灾，我都不敢有任何偏心，都要赏罚得当。

"我把困难明白地告诉你们，是为了激发你们的心志，就像用箭射靶子一样。你们不要轻慢老人、成人，不要欺负软弱、孤苦、年幼的人。人人都要长久地在这里生活下去，贡献出自己的全部力量，听从我的谋划。无论现在还是将来，我都要用刑罚惩处那些作恶者，用赏赐表彰那些行善者。国家治理得好，是你们大家的功劳；国家治理得不好，是我一人的罪过。

"我把大家召集起来就是要告诫你们：从今天乃至将来，各自恭敬地做好自己的工作，否则，一旦惩罚临头，后悔莫及！"

历史证明盘庚是位富有远见卓识、非凡魄力的君王，他顶住了来自各方面的压力，迁都成功。在迁都过程中，他去奢就俭、根治腐败，同时充分利用了殷地自然地理、政治地理上的优势，成功地抵御了反叛的方国、部落的侵扰，迎来了殷商的复兴。

微服王子成就中兴大业
——武丁中兴

武丁

盘庚迁殷为王朝的复兴找到契机，从此商王朝有了新的转机。盘庚在位二十八年，为振兴商王朝奠定了基础。他死后，他的弟弟小辛即位，小辛死后由小乙即位。

小乙做了商王，反复思考盘庚成功的经验，他认为迁都过程中的艰苦奋斗，不仅使王朝本身去奢即俭，更重要的是培养锻炼了一代年轻人。他大胆地决定让自己的儿子武丁离开王都到边远地区，去和“小人”一起生活，以便磨炼他的意志和品质。

小乙即位时，武丁已经二十岁左右了。他聪明好学，有远大的志向。小乙为了让武丁学到更多的本领，成为一个安邦治国的君主，便把武丁由殷都派到远离王都的艰苦地方。武丁先是隐居在黄河岸边，后来便经常在黄河两岸的许多地方观察人民的生活情况，了解各地诸侯、方伯的动向。他接触了各种各样的人，其中有不少是平民。武丁和这些“小人”一起耕种，品尝到了世间的酸甜苦辣，知道了“小人”们生活的艰难，也把自己身上好逸恶劳的习气去掉了不少。

武丁还在民间访贤拜师，有一次他来到虞（今山西平陆一带），听说黄河岸边不远的一个村庄，住着一位很有学问的贤人，名叫甘盘（甲骨文中称作师般），就前去拜访。甘盘学识渊博，他们谈得很投机。聪明机敏、才智超群的甘盘，一眼就看出武丁并非凡人。他直截了当地问武丁，听说当今商王之子居于民间，你是不是隐居民间的商王之子？武丁将甘盘引为知己，就以实相告，顺便向甘盘求教治国之道。甘盘见武丁英武神异，将来一定是位有作为的君主，愿意为他出力。他为武丁讲述了商朝自从成汤灭夏以来，经历了二十一位君王，三百余年兴衰的历史，分析总结了历史经验，把深刻的道理从史实中引发出来，让武丁深受启发。武丁拜他为师，以后便经常听甘盘教诲。

甘盘的居地离虞山不远。有一天武丁来到这里，转上山岩。这时，他看见许多人在异常艰苦地劳动，脖子还用绳子拴着，五个人或十个人结成一串。显然他们是被罚做苦役的刑徒。武丁走上前，问了这几个人的姓氏，和他们随便交谈，不动声色地了解他想知道的情况。其中有个叫傅说的人，言语不俗，武丁就单独和他聊了一会儿。傅说大胆地把他的切身体会和兴利除弊的计划说了出来。武丁听了，惊叹之余，非常佩服。他暗下决心，一旦即位为王，一定要请傅说到朝廷帮他执掌国政。

武丁在黄河岸边一住十多年，在荒野之中锻炼成熟。他不仅深知“小人”的疾苦，也察觉到了各路诸侯、方国的动向，并且有了根治的办法。当他得知父王病重，就重返王都。小乙在病榻之上，看到磨炼得感情丰富、思想成熟、体魄健壮的儿子，就把由武丁继承王位的事定下来，安然而逝。

武丁即位后便把甘盘请到朝中，任命他为辅佐大臣。他虽身为商王，可在守孝三年中不言政事，凡是国政大事皆委托给朝中执政大臣来处理。他只住在凶庐——守丧的房子里。这三年中，他不断“思复兴殷”。武丁更加思念傅说，想着采取哪一种比较妥善的办法，将罪犯傅说请来，而不遭非议。为此，他思索了很长时间。

三年守孝期满，武丁告诉大家：“我昨夜梦见天帝赐给我一位贤人，天帝指着一位穿着刑徒衣裳的人对我说：‘这是我的徒弟，姓傅名说。’我醒来后觉得奇怪，仔细想来才弄明白。‘傅’是来辅佐我的，应该任命他为相。‘说’是欢悦，任命他天下人都会高兴的。这不是天帝要来帮助我并且使老百姓高兴吗？我一定要找到这个人。”武丁详尽地描绘了傅说的衣着长相，让画工画下来，派人到处访查。有人到刑徒中去找，果然在虞山的岩下，把傅说找来。武丁当时就任命傅说为相，辅佐他治理朝政。傅说发誓尽心辅政，为国为民倾尽全力，以报效知遇之恩。

傅说、甘盘都是来自民间的才能卓异的贤人，武丁任命他们为辅臣后说：

"你们要早晚赐教，来助我修德。如果我是金属利器，你们就是磨刀石；如果我要渡过奔腾的大河，你们就是船和桨；如果年景大旱，你们就是百姓渴望的甘霖，打开你们甘泉般的心来浇灌我久旱的心；如果吃了药却不头晕眼花，病就不会被治愈；如果光着脚走路却不看地下，就可能把脚碰伤……希望你们协力同心，纠正我的过失，使我踏着成汤的足迹前进，让百姓过康泰安乐的好日子。啊！郑重地遵守我这些话吧，我们君臣一定善始又善终。"

傅说回答说："木头打过墨线就能砍削得正直，君主听从劝谏就会变得圣明。君主能够圣明，臣下不等待王命便会主动进谏，谁还敢不恭敬地对待您这美善的教诲呢？"

武丁与傅说就是这样推心置腹。这从他们下面的谈话也可以看得出来。

武丁说："来吧！傅说。从前我向甘盘学习，跑到荒野之中，居住在黄河岸边。后来又来到亳。品德、学业始终没有明显进展。你要训导我，使我不断经受磨砺，具有远大的志向。如果我是人们需要的羹汤，那你就是盐和梅。"

傅说说："做事不注意汲取古人的经验教训，却使国家长治久安，我傅说没有听说过。要学会使自己谦虚而有大志，必须时时勉励自己，品德修养的完善也就自然地形成了。相信记住这一点就会积道有成。借鉴先王的成宪，就不会有过失。我傅说奉行你的旨意，广泛地招纳各种出众的贤才，把他们安置到合适的位置上。"

武丁说："啊，傅说，四海之内都敬仰我的德行，这是你训导我的结果。有手脚才能成为会行动的人；有良臣才能成为圣明的君主。君王没有贤臣就不会治理国家，贤臣没有君王任用也不能取得俸禄。你要让你的君王继承先王的业绩，长久地使百姓生活康宁。"

武丁君臣合契同心，励精图治。武丁在位五十九年，甘盘逝世后，他主要在傅说、祖己的辅佐下建功立业。武丁被称为"中兴"之王。

武丁深知稼穑之艰难，关心人民疾苦，勤于政事，努力发展生产。甲骨文向我们证实每年春秋两季，武丁都要举行专门的祭祀活动，祈求五谷丰登。从甲骨文中来看，当时的农作物主要有稷、稻、大麦、小麦。武丁还经常视察农田。武丁时期的卜辞中，多有祈雨的记录。

武丁十分关心畜牧业。经常亲自到牧区视察畜牧发展情况。商族原本是个游牧民族，畜牧业是他们的老本行，各地畜牧业在武丁时期达到了一个发展的高峰。卜辞中有各地进贡"致牛"、"致马"的记录，其中有一次"致牛四百"之多。可见其畜牧业高度发达的景象。

由于农业、畜牧业的发展，人民生活安定，商的国力强盛起来，改变了王朝衰弱的局面。武丁时期西北方的劲敌是𢀛方。从甲骨文来看，这是一个很大的方国，族居地在今内蒙南部、陕西、山西北部一带。这个方国在武丁时期还是个游牧部落，活动范围广大。甲骨文的记载向我们表明，武丁经常接到𢀛方抢掠的报告。有一次𢀛方抢走了向王朝进贡的五十头牛。武丁决心对𢀛方进行征伐。这次征伐持续了很长时间。每次征伐都要举行隆重的祭祀、占卜。经过大大小小几十场战役，商最后把𢀛方平服了。

羌，又称西羌，或西戎，是一个古老的部落，“禹兴于西羌”说明夏与羌有族缘上的关系。到了商代，羌方、羌龙、北羌和马羌，分散于商朝西部和西北部广大地区，“绵地千里”，大致在今青海东部、甘肃、宁夏及内蒙南部。武丁对羌也进行了征伐。卜辞中记录的商王朝祭祀的人牲，大多为羌人。少则几人，多则几十人，甚至有“羌四百于祖”的记载。

《诗经》中有武丁征伐荆楚的记录。荆楚地区在商代获得很大发展，这与武丁时期先进的青铜文化传播到那里有直接关系。

武丁后期还灭了大彭和豕韦两个方国。这两个方国在商王朝衰落时曾反叛，自那时起不再纳贡称臣，被武丁消灭掉了。

殷墟武丁夫人妇好墓葬坑

武丁中兴时期，由于国力强大，使商王朝的政治、经济、文化、教育有了很大发展。在几十年间，商不断征伐，结束了西、西北、北方游牧民族对农耕地区的侵扰，加强了对诸侯、方国的控制，巩固了中央王朝的统治，促进了氏族部落之间的融合，使商朝统治中心繁荣起来，其中心地带虽仍在黄河中下游的中原地区，但势力所及已是东到辽东、山东半岛，西至陕西、甘肃南部，北至内蒙南部、河北北部，南抵江淮。在如此广大的地域内，人民友好往来，土地增多。商朝进入了一个强盛时期，武丁也成为以武功著称于世的君主。

武丁在位五十九年病死。武丁的长子祖己以孝名闻天下，相传祖己经常一夜起来五次看看父母睡得好不好，也深得武丁的宠爱。祖己被人称作孝己。但祖己的母亲死后，武丁轻信了嫔妃的坏话，把太子祖己流放到边远地方。后来祖己忧愤而死。全国的百姓得知这位孝子的死讯，都沉痛哀悼他。他的两个异母弟祖庚、祖甲相继为商王。

祖己被流放而死，实际上是一场王权斗争。显然武丁有失德之处，人们对祖己的哀悼，实际上也是对武丁的指责。就在祖己死后的第四年，武丁在太庙祭祀成汤。祭祀后第二天，又隆重地再祭。就在鼓乐齐鸣时，有野鸡飞来，飞了一圈后，落在了大方鼎耳上，伸着脖子鸣叫起来。武丁大惊失色，认为是先祖成汤不满意自己而降下不祥之兆。一个大臣乘机进谏说："帝王不要怕，只要您多做为国为民的事，就会让先祖免除不祥。"

祖甲出生时，武丁已老，老年得子，分外宠爱。当武丁又要废祖庚立祖甲时，祖甲却深明大义，为了不让祖己的悲剧重演，他偷偷离开王都，像当年他父亲武丁那样，到平民中去生活、磨炼。他和百姓一起劳作，体会平民与奴隶的疾苦。年老的武丁无力多顾，当他得知祖甲是逃到他年轻时生活过的地方时，也就放心不管了。

祖庚即位时，已是六七十岁的老人了，在武丁中兴的基础上，他安享了十年的清福后死去。祖甲即位为新一代商王。这时正是商朝的兴盛时期，远近称臣，四方纳贡。祖甲和武丁一样在民间经受过磨炼，懂得要巩固商王朝的统治，必须与民同乐，要给百姓休养生息的时间。祖甲时期，没有大规模的征伐战争。祖甲为了限制诸侯、方伯和百官对百姓的盘剥，下令将先祖成汤制定的刑法《汤刑》加以修订、执行。这样一来触犯了一些人的利益，统治阶级内部矛盾又起，一些亲贵对祖甲心生愤恨，但这一切并没有引起太大的混乱。而祖甲这一做法，无疑深得百姓拥护。

风雨中崛起的姬姓部落
——周族兴起

周族与夏、商一样，也是由一个具有悠久历史的古老部落发展而来。早在部落联盟时代，周的先祖稷就曾为尧的农官，还协助过大禹治水。稷也叫弃。传说，弃的母亲叫姜原，可能出自古羌人部落。她是帝喾的元妃。有一天姜原到野外游玩，忽然看到一连串的巨大脚印。姜原对这些巨大的脚印产生了浓厚的兴趣，不由自主地用脚踩着这些大脚印，内心情不自禁地想象着留下如此巨大、深陷、清晰脚印的人，一定是位英武无比、力大无穷、目光犀利的英雄人物。她崇拜着内心勾画出来的那位英雄，身体忽然有所感应，便怀孕了。

十月怀胎，姜原顺利地生下一个男孩。她怕这个孩子为自己招来祸殃，内心的忧虑使她决心摆脱这个孩子。她把孩子丢弃在狭隘的小巷，迎面正巧走过来成群的牛马，她想就让这孩子被牛马踩死吧。可是，那些牛马竟小心地避开孩子，没碰他一根毫毛。姜原又抱着这孩子来到深山密林，可是平时荒无人烟的密林深处，这天竟来了许多人，他们迁居到这里，正忙着安家。姜原把孩子从密林带到河边，把他丢弃在冰封的河面上。忽然大群的飞鸟落在孩子周围，用毛茸茸、暖烘烘的羽毛覆盖在这孩子身上……姜原看到这孩子遇难呈祥，心里着实奇怪。她不敢违背天意，改变了最初的念头，决定把孩子抚养成人，为孩子取名叫弃。弃是丢弃、抛弃的意思。

弃果然发育得飞快，当他还是小孩的年龄，却已长得像位屹立的巨人。别的小孩游戏、玩耍，他却喜欢种麻、栽树、种豆类和麦类植物。等到他长成大人，更加喜欢耕田种地。他能够分辨土质的好坏，知道哪一种土质适合种植什么。所以，他种的庄稼总能获得好收成。部落里的百姓纷纷向他请教，弃毫无保留地指导大家，结果，大家的庄稼都获得了好收成。

弃的事迹很快就传到尧的耳朵里。尧把他请来，任命他为部落联盟的农官。弃更加努力地奔波于全国各地，使百姓脱离挨饿忍饥的境况。舜即位后，弃帮助禹治理洪水。洪水退后，昔日的农田已经变为白茫茫的荒地。由于多年治水，弃高大的身体已经瘦弱了许多。疲惫的身体根本来不及恢复，舜就命令他指导百姓播种各种庄稼。弃不顾个人的劳累，又踏上征途，在广大的原野上奔波……

后稷教人民稼穑

在受封的大会上，舜说："弃，洪水过后，黎民百姓忍饥挨饿，正是由于你的精心指导，才使五谷丰登。你的封地靠近姬水，你就姓姬吧。你的封号是后稷。"后来人们把这位后稷作为农神，供奉在庄严的社坛里。人们还把他的事迹编成歌传唱，收在中国第一部诗歌总集《诗经》中的《生民》，便是其中的一首。

后稷的后代跑到了戎狄。到了公刘这一代，公刘虽身处戎狄，却一心务农，保持其祖上农耕的传统。他性情忠厚、善良、仁慈，深得百姓拥戴。但是戎狄之地，到处都是牧场，部落间冲突不断。周人只好不断寻找发展的机会。公刘带领部落中的一大部分，来到渭水之滨，发展很快。公刘还十分注意观测太阳、月亮的变化，因为这与农业生产关系密切。他认真地研究了这里的土质，观察山间流水的规律，利用当地出产的各种材料，制作生产、生活用具。在开发荒原过程中，公刘表现出令人敬佩的品质和出众的才能，人们万分感谢他，情不自禁地把他的事迹编成了歌，传唱开来。后来《公刘》这首长诗也收入《诗经》之中。

公刘之后传了九代，古公亶父被立为姬姓部落首领。到了这时，姬姓部落由于农业生产长期稳定的发展，逐渐地富裕起来。邻近的游牧部落经常来骚扰、掠夺。古公亶父没有办法，只得把珠玉、皮帛、犬马献给他们，以求安宁。但是，这一切全无效果，他们要占有肥美的土地，把它变为牧场，还要把这里的百姓留下来为他们放牧。古公亶父非常愤怒，但他却异常冷静地对大家说："大家推举我做君主是看我能为大家办事，我的责任是不能让大家受害。现在戎狄来攻打我们，是看中了我们这块土地和百姓。我不忍心你们在与他们的交战中死去。"万般无奈之下，古公亶父带着部落的人们再次向他乡迁徙。

他们来到了岐山之下。岐山南面是一片平原，沃野之上绿草如茵，这片肥美的土地被称为"周原"。古公亶父来到周原，忧愤郁闷的情绪一扫而光，奔走的劳累也无影无踪。他向上帝和祖先卜问一番，得到的全是好兆头。于是决定在这里定居下来。

古公亶父带领大家开垦周原，修好田界，开挖沟渠。肥美的周原给了勤劳质朴的开垦者以加倍的报偿。邻近人们见到古公亶父一班人竟这样不凡，纷纷投奔到古公的部落。原来居住地的百姓也都扶老携幼来到周原。

当百姓们的生活安定下来之后，古公亶父带领大家修建了一座宗庙，感谢祖宗。当他们面临一场巨大灾难时，却因祸得福，姬姓部落又重新聚集在周原，这都是上帝与祖宗的保佑。接着又修建了宫殿。古公下令改革戎狄之俗，并设置了司徒、司马、司空、司土、司寇等五官有司。由于姬姓部落来到周原后，其文化习俗与周围部落明显不同，文明程度较高，从此他们被称为"周人"——开发周原，并在那里定居的人。

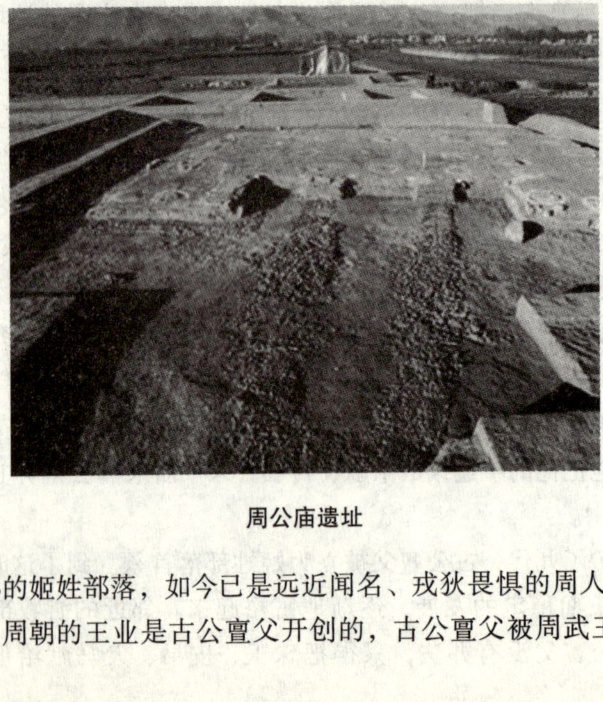

周公庙遗址

昔旧弱小的姬姓部落，如今已是远近闻名、戎狄畏惧的周人的国家。得人心者得天下，周朝的王业是古公亶父开创的，古公亶父被周武王追尊为太王。

人民歌颂古公亶父的诗歌很多。

古公亶父有三个儿子，太伯、虞仲和季历。季历的妻子太妊是位聪明、品格高尚的妇女。一年秋天，太妊与季历的儿子降生，一只红色的鸟正好落在他们的窗前，嘴里还唱个不停，歌声非常悦耳。这在古公亶父听来，就像是专为他的孙子的降生来唱喜歌。古公认定这只红色的鸟将为季历与太妊的儿子招来“祥瑞”之兆，心中十分高兴。他说：“我们周族日益昌盛，能成就大业的一定是我这个孙子啊！”于是，他给这个孩子取名叫昌，这就是后来的周文王——姬昌。

姬昌的母亲身怀姬昌时，眼睛不看邪人恶事，耳朵不听淫荡的声音，口不出恶语，为的就是对姬昌进行胎教。如此进行精心胎教的孩子，生下来果然聪明伶俐。姬昌赢得了祖父古公亶父的深爱，古公恨不得马上传位给这位绝顶聪明的孙子。

古公亶父为姬昌所做的一切，自然逃不过太伯和虞仲的眼睛。他们深深地理解父亲是要使周族昌盛，才对孙子倾注如此多的深爱与厚望。既然父亲做了如此安排，兄弟俩决心要像父亲那样，凭着自己的本事与德行到远方开创自己的业绩。于是兄弟俩便假托为古公采药，跑到南岳衡山，然后又跑到远离周原的荆蛮。他们入乡随俗，全心全意地行善施德，传播先进的农业技术，深得当地百姓的爱戴与尊敬。不久，太伯被拥戴为首领，率领大家在吴修建了城郭，建立了国家，成为吴国的始祖。

陈列在陕西周原博物馆的出土文物

古公病重，太伯和虞仲回来探望，季历再三让位于太伯，太伯坚决不接受，又回到了吴。这样，由于姬昌还小，古公亶父死后，季历继承了君位。

周族在古公时期获得了很大的发展，商朝已经封他为诸侯国君。季历即位后，为了取得强大的商朝的支持，便在商王武乙三十四年到商都觐见。武乙赏给季历三十里土地，还赏给他十双美玉做成的大璧和八匹好马。

季历对内继续奉行父亲古公亶父的一系列正确方针，发展农业生产，团结民众，增强实力；对外与诸侯搞好关系，如今又有了强大的商朝的支持，便开始大规模地对长期欺侮周族的戎狄进行反击。他率军先后打败西落鬼戎、余无之戎、翳徒之戎。季历一系列的征伐活动，解除了戎狄对周人的威胁，扩大了疆域，获得了大量财产和奴隶。

季历积极向外扩张，势力不断发展。他一再向商王文丁献俘及报捷，文丁表面上很高兴，还不断地赏赐他，实际却对他早有戒备。正当季历高兴地辞朝回归时，文丁突然下令把季历囚禁起来，季历竟死在商都。

季历死后，儿子姬昌即位。这就是后来的周文王。姬昌决心为父报仇，积极准备。

过了两年，文丁病死，文丁的儿子帝乙即位。第二年，姬昌一切准备就绪，就要前来攻商。帝乙得知姬昌要报父仇，感到父亲文丁做得不对，季历攻打的是远在西部的戎狄之人，虽然周的势力扩大很快，可并无叛商之心。而这时，地处东南的部落正与商朝矛盾重重，倘商周交恶之际，东南火起，商朝腹背受敌，这会引起众诸侯乘机叛商。于是，帝乙决心缓解与姬昌的矛盾。

他派了一位能言善辩的使者入周，使者首先代帝乙向姬昌道歉，一再说明，父辈交恶已经过去，后代应该重新修好。为了表示诚意，帝乙决定把美丽端庄的妹妹嫁给姬昌为妻。既然肯结为亲缘，也就无仇可报。况且，真正的仇人都已长眠地下。姬昌虽为报仇做了充分准备，但他面对的毕竟是强大的商朝，是统帅诸侯的天子，取胜的把握也实在不大；况且帝乙此举有理有节，也不容姬昌一意孤行，他只好答应恢复亲善，暂去前嫌。于是姬昌备办了贡物，遣使入朝，与帝乙商定日期以便迎娶新娘。帝乙和姬昌都把婚事办得极为隆重盛大。这件事无疑抬高了周在诸侯中的地位。显然，帝乙在竭力拉拢这位有实力的诸侯。周族的百姓，看到昔日被人欺侮的小邦国，如今竟能与大邦天子之妹联姻，真是可喜可贺，老百姓们热烈地唱起祝福的欢歌。《诗经·大雅·大明》中有一段专门写这件事，其中“天作之合”一语，成为祝贺联姻结偶的成语，至今仍存留在汉语中。商周联姻，缓和了双方恶化的关系，也是周族兴起的重要标志。

他是黑暗年代的一盏明灯
——文王受命

姬昌与帝乙联姻，使双方极为紧张的关系得以缓解，也使双方都从中获利。帝乙继封姬昌为西伯，位于“三公”之列，地位很高。姬昌遵循祖先后稷、公刘的遗训，大力发展农业，要进一步使周族强大起来。他敬老爱少，励精图治，不仅使周国大治，也使自己在诸侯中的威望越来越高。帝乙则腾出手来，向东南的人方大举进攻。帝乙还征伐过盂方，这无疑巩固了商朝统治。

周文王

帝乙的长子叫启，是庶出；幼子叫纣，也称受，是嫡子。帝乙很想让启继承王位，但朝廷的太史官极力反对，认为这是嫡庶不分，帝乙只好决定传位给纣。

纣天资聪明，敏而多才，身材高大，勇力过人，能赤手空拳与猛兽格斗。有一次，他把九头牛拽得向后倒退；还有一次用手托住宫殿的大梁，让人们从容地换掉梁下的柱子，仍面不改色。他能言善辩，自以为是，认为臣子中没有人比得上他，不听臣僚劝谏。他好大喜功，性情残忍，对反对者施以酷刑，于是，讨其欢心的谀臣便争相而来。他在商都以南的朝歌（今河南淇县）修建了离宫别都；在商都以北的邯郸（今河北邯郸市）、沙丘（今河北平乡东北）也修建了离宫别馆，建有林苑亭台。这个南北二百多里的地区都算作商都的范围。纣经常带着美女歌姬和一些近臣，往来于朝歌和沙丘。沙丘有一个很大的苑囿，纣在苑囿中饲养了许多珍禽异兽。他大兴土木，消耗了大量资财。于是纣下令全国增加赋税，规定属国进贡方物由一次增加到两次。

有苏氏（今河南武陟东）因地小人稀，出产不多，无力提交年年增加的贡赋，纣认为有苏氏有意对抗，派兵征讨。有苏氏无力抵御，便献上美女妲己以求平安。纣见妲己确实很美，便撤兵免贡。

纣还下令各地诸侯出兵协助征伐东夷，甚至动用了象队，如此巨大的猛兽队伍令东夷人惊恐不已。大兵压境之下，经过几次顽强的抵抗，东夷人只好投降。纣将大批商军留在东夷地面，使东夷人从此无力叛商。但是纣无力西顾，对周人全然放松了戒备，为周人灭商创造了条件。

征伐东夷消耗了商大量财力、物力、人力，本应让人民休息，发展生产，可纣却认为勇力、武力使天下已服，开始放纵地享乐。他为了享乐竟将农田变为游猎场所，使人民无田耕种、流离失所。他修建了方圆三里、高过千尺的鹿台。他加重天下赋税，让聚敛而来的钱财把鹿台装满；又修了个叫钜的仓库，把从各地搜刮来的粮食，装满这个奇大无比的仓库。他还把天下狗马奇物运到宫室内外。他好酒贪杯，宠爱妲己，让乐师师涓作了靡靡之音，让宫女们跳起淫秽不堪的“北里之舞”，在离宫别馆，摆出了酒池、肉林。肉林，即把熟肉挂在树上，人们可随便摘取来食。成群男女赤身裸体，长夜纵情狂欢于酒池肉林之间。

在纣身边还围着几个助纣为虐的谀臣。这些人陷害贤良，仗势欺人，却深得纣王与妲己的信任。

但是，朝廷上直臣还是勇敢地面对邪恶。有个在朝的诸侯叫梅伯，多次劝谏纣不要任意对臣民施加重刑。纣竟把他杀了，还把尸体剁成肉酱分赏给诸侯们吃，同时宣布再有劝谏者，以此为例。

为了镇压反抗，纣及佞臣制定了一系列野蛮的刑罚，镇压那些敢于反抗的人。其中有一种叫“炮烙之刑”，即用青铜铸造一根中间空的铜柱，把人绑在铜柱上，下面烧火，把人活活地烙烤而死。

纣有“三公”，是三位地位最高的诸侯，即九侯、鄂侯和周公（西伯）。九侯有个漂亮的女儿，被迫献给纣王。妲己嫉妒九侯女的美貌，竟说纣王年老眼花，被九侯欺骗，送上个丑陋无比的女人，还说成是漂亮的。经妲己一番胡言，纣竟觉得九侯的女儿真是丑的，不但把九侯的女儿杀了，还迁怒于九侯，把他也剁成了肉酱。从此天下凡有美女者都千方百计地躲藏起来，唯恐被纣得知。鄂侯觉得九侯实在死得冤枉，为他申辩了几句，也被纣王做成了肉干。西伯姬昌听到二人惨死的消息，兔死狐悲，不由地长叹一声。谁知隔墙有耳，竟被奸臣听到了。奸臣马上报告了纣王。纣王立刻下令把西伯姬昌关了起来。

姬昌被关在监狱内，依然忧国忧民。他研究天地万物发展变化的规律，把古人传下来的易经八卦，推演为八八六十四卦，从此有了周文王推演的易经，即《周易》。《周易》后来被孔子列为儒家六艺之一，是中国古代的经典著作。

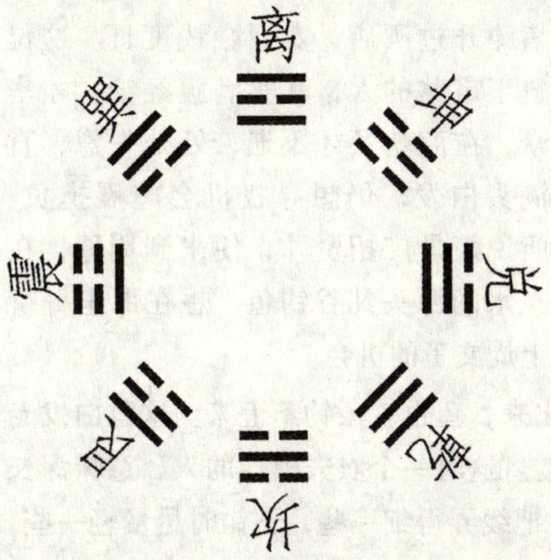

八卦方位图

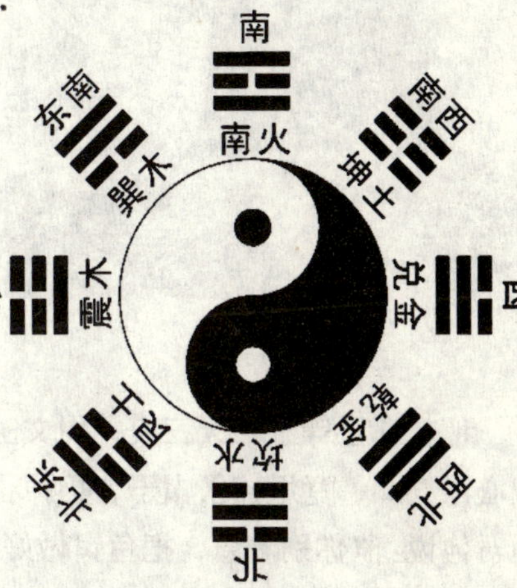

八卦图

周的大臣闳夭、散宜生等人向纣献上有莘氏美女，纣王于是下命令把姬昌放了，还给了他象征王权的兵器。姬昌得到这些，就意味着被受命拥有征伐诸侯的权利。姬昌愿意献出洛水以西的地方，请求纣废除炮烙之刑，纣也同意了。

姬昌足智多谋，被放出来之后，仍然采取一贯做法，把全部机锋隐藏得滴水不露，表面上装出一副对商王朝忠心耿耿的样子。在狱中，全凭他装作憨直、忠心才躲过被杀的灾祸。当时他的大儿子伯邑考被商纣王扣作人质，纣王把伯邑考杀了，并做成肉汤送到狱中请他喝。他虽然内心绞痛，表面上依然若无其事地喝着肉汤。纣王听到报告后，说："谁说西伯未卜先知？他喝了用儿子的肉做的汤怎么不知道啊？"因此觉得姬昌是个平庸之辈，放心地交给他征伐大权。

姬昌敬老慈少、礼贤下士，和商纣王的专横暴虐形成鲜明对照。四方人士都纷纷投奔他。有时他从早到晚不停地接待来访，连吃饭的时间都没有。甚至

姜子牙

像商的老臣、忠臣辛甲大夫等都前来投奔。辛甲曾经劝谏商纣王达七十五次之多，觉得纣实在不可救药了，才弃纣投周。在人心思归的大潮中，数姜尚投奔文王的事情最富有戏剧性了。姜尚，字子牙。祖先曾为舜的“四岳”之一，帮助大禹治水。他年轻时为了生计，曾在繁华的朝歌当过屠夫，宰牛卖肉。后来在孟津开过酒店，卖酒赚钱度日。这位混迹于市井的人，其实满腹经纶、才华出众，在商朝怀才不遇，处处失意，直到满头白发，仍想寻找机会施展抱负。他听说姬昌广招贤才，便来到周原，在兹泉水的源头凡谷钓鱼，想在那里等待遇上周文王的机会。

他在那里等了三天三夜，周文王不出来，鱼也一条钓不上来。这位白发老人心浮气躁，竟甩掉了帽子，扔掉了衣裳。这时一个农夫模样的人，意味深长地对他说：“你别着急，把鱼饵做好些，把线弄得细一些，下钩时尽量轻一些，千万不要使鱼惊动！你再试试看。”他依法办理，果然钩钩不空。姜子牙悟性极强，明白了要灭掉商朝，必须从长计议，一切都需悄悄做好准备，千万不能惊动纣王这个力大无比的暴君，于是便静下心等下去。不过，也有人说，姜子牙用的是直钩，根本没想钓鱼，只是为等周文王做做样子罢了。

这天，姬昌要出猎，照例先占卜。据说这一卦预示：所获并非异兽珍禽，而是一位能辅佐他成就霸王之业的奇才。他来到渭水南岸，遇上了早已在那里等待他的姜子牙。两个人愈谈愈投机，姬昌认定这是一位非凡的人物，就说：“我的爷爷古公亶父曾经说过：当有圣人来到我们周原的时候，周即将兴起。您真是位圣人，我们的老太公早就盼望您来了。”从此，姜子牙又有了新号“太公望”。姬昌把这位钓鱼的白发老人请上自己的车，兴高采烈地回到国都。

姬昌广招贤才，终于得到了姜子牙这位人才。这使他灭商的大计不露声色地快速推进。

姬昌记得纣王释放他时说过，是崇侯虎说他的坏话，他才被纣王关起来。崇侯虎是崇国的侯，也是商诸侯中最坏的一个，他是纣在西部地区的一个耳目。姬昌受命得到征伐大权以后，便找个理由去征伐崇国，把崇国灭掉了。灭崇之后，他便在沣水西岸修建了新的城邑，取名叫丰（今陕西西安西北），把国都由周原迁到丰。迁丰之后，叛商归周的人更多了。到此时，周人已经是“三分天下有其二”了，无论是实际的力量对比，还是人心归向，姬昌都已经占了绝对优势。

但是，姬昌仍然表面上对纣称臣，按时朝觐纳贡，并没有出兵伐商。他仍以臣的身份事商。也正因为如此，才没有引起商纣王的怀疑，为他的儿子姬发灭商奠定了坚实的基础。

迁丰后的第二年，姬昌病逝于新都。他在位五十年，死后儿子姬发即位。姬发便是周武王。

今陕西宝鸡姜子牙钓鱼台遗址

姬昌生活在商朝最黑暗的年代，许多无辜的生命惨死在暴君商纣王手中。姬昌一即位就决心报父仇，以后旧恨又加新仇，儿子被杀，自己身陷囹圄。姬昌在刀枪林立、血雨腥风之中，闯过了无数险关，不仅保存了自己，而且瞒天过海，拥有了商朝三分之二的天下。天下最想杀掉纣王、灭掉商朝的西伯姬昌竟得到了纣王受命的征伐大权，从即位起到逝世止，在位五十年的周王，没有哪一天不想报仇雪恨，可是他到死仍保持着商朝臣子的名分，一直没有攻打商朝，却最终拥有了天下。

姬昌给我们的启示还有很多。《史记》记载了这样一件事，说姬昌以他的德行赢得了诸侯们的信任，诸侯之间有了纷争都来找他评理。虞和芮的两个诸侯国由于国土之争，几乎要动武了。在争执不下之际，两位诸侯国王决定一块儿去找姬昌评理。当他们二人进入周的地界，看到人们以礼相让，从不相侵。虞、芮两国国君越往前走越自惭形秽。他们说：我们所争的，正是周人以为耻的，我们为什么还往前走呢？岂不是自取侮辱吗？于是他们掉头而还。离开周地后，他们都把原来争执不下的土地让了出来，谁也不去占有，一场纷争平息了。人们听到这件事，都说西伯姬昌是乱世中的受命之君，所以他在死后被谥为文王。周文王以文德教化治国，与纣的暴虐无道形成鲜明对照，所以纣亡周兴。

车辚辚马萧萧末世决战

——武王伐纣

周文王逝世后，他的儿子姬发即位，这就是周武王。姜子牙继续辅佐，以完成周文王未竟的灭商大业。姬发对姜子牙十分尊崇，称他为“师尚父”。另外，周公旦、召公、毕公等著名的文臣武将也都聚集在周武王周围，辅佐他完成大业。

周武王

姬发即位的第二年，就率领大军进入商王朝的境内。当武王坐在大船里渡过黄河时，看到舟楫浩浩荡荡，士卒器宇轩昂，非常高兴。船到黄河中流，一条银白色的大鱼跃到武王的船上。武王不失时机地鼓舞士气，说：“殷人崇尚白色，这银白的大鱼落入我船是殷纣灭亡的象征！”大军登岸，一颗流星划破长空，更使战前阴森、悲壮、凝重的气氛加重了。

各路诸侯、方伯听说武王兴师灭纣，纷纷前来，共有八百诸侯赶到孟津（今河南孟津）会师。周武王面对前来会师的各路兵马，说：“如今的商纣王不敬奉上天，降灾给下民。他沉溺酒色，多行暴虐，一人有罪连及全族。朝廷官员都是世袭亲贵。他残害万民，焚炙忠良，剖开孕妇的肚子。皇天为之震怒，授命我的先父，严惩无道，重振天威。可惜，大功至今未成。

“从前我们都亲眼看到商纣的种种罪恶。他是那么傲慢无礼，不侍奉天地神灵。祭祀用的牲畜和黍稷也都被恶人盗食。他还厚颜无耻地说：‘我拥有百姓，我受命于天！’却不知改正自己的行为。但是，上天一定保佑下民，重新为民立君，为民立师来教民，让他们来佐上天，安定四方。有罪上天就会惩罚，无罪上天就会赦免，我怎敢违背上天的意志呢？

“纣有臣亿万，却有亿万条心；我有臣三千，却都是一条心。商纣王恶贯满盈，天命诛之。我不顺从天意，那罪行和他相等。我接受了先父文王的命令，去卜问上天，又在土神谷神面前卜问吉凶，然后才率领你们众人替天惩罚商纣。天怜悯百姓，百姓希望得到的，天必从之。只要大家帮助我，天下将会是个清平世界。时机啊，不能失掉！”

周武王的队伍在黄河北岸停下来，各路诸侯的队伍源源而来，周武王在巡视这些队伍时，发表誓师的动员令：“从西方来的各路诸侯、民众，都听我说：好人做善事，整天做不够；坏人做恶事，也整天做不够。如今商纣王，坏事干尽，违反法度，遍弃老臣、忠良，与罪恶小人亲近，嗜酒、放纵、暴虐，臣下也都跟他学，令无辜受害者呼天抢地。上天从来惠爱百姓，君主必须奉承天意。夏桀违背天命，祸害百姓，上天就佑助成汤，代替无道的夏桀。现在纣的罪恶超过了桀，上天把拯救万民的重任交给了我。我们的队伍威武雄壮、斗志昂扬；我们突破商的边防，擒拿凶残的纣王；我们征伐的队伍浩浩荡荡，比商汤征伐夏桀时更加辉煌。努力吧，将士们！如果你们无所畏惧，就奋力向商进攻吧，我们要为解救百姓建功立业，让他们获得永世安宁。”

第二天，天刚亮，周武王再次大规模地巡视各路诸侯组成的六路大军，再一次向他们申明号令：

“啊！我们西方诸侯将士们，上天再一次向我们显示不变的常理，这些法则应当宣扬。如今商王纣，竟然砍断冬天涉水者的脚胫，说是看看为什么耐寒；竟剖开贤人的心，说是看看有什么不同；竟如此放肆地作威杀人，伤害天下人。上帝不允许他这样胡作非为，降下惩罚。你们要奋勇努力，共同尊奉我一人的命令，恭敬地行使上天对他的惩罚。众将士一定要果敢坚毅，来成就君主的大业。功多有重赏，过大多罚戮。我的先父文王的德政如日月照临，光辉普及四方，在西方诸国尤其显著。如果我们战胜了纣，并不是由于周的武力强大，只是我的先父没有得罪大家；如果不能取胜，也并不是我的先父有罪，只是我小子没有良好的德行。”

周武王这次孟津会师，公开举起了反对商纣的义旗，他利用各种机会，鼓舞士气，鞭挞商纣的罪恶，为以周代商大造舆论。相对于强大的商纣来说，仅有八百诸侯还是远远不够的。所以这次孟津誓师，只不过是一次灭纣的预演。周武王和姜子牙决定先收兵，继续加强准备，等待时机。

周武王孟津会师的消息传到了商都，纣王一点也不多加警惕，仍把主要力量用在对东夷的征伐和淫乐上。微子多次劝谏纣王，但纣根本不把微子的话当回事。这天，微子和朝中的父师、少师一起商量：“现在四方叛乱，殷商恐怕就要灭亡了，就好像船漂流在大水之中，却找不到渡口。究竟该怎么办呢?”父师也说道：“老天降下大灾要灭亡我们殷商，而君臣上下沉醉酒中，却不惧怕老天的威力，事实上老天在上监视着殷民。我们殷商用杀戮和重刑横征暴敛，招致民怨。上下的罪合在一起，众多的人受害却又无处申诉。殷商受灾祸，我们都会蒙难；殷商沦丧，我们也会成为奴仆。我早就说过，我们殷商就要土崩瓦解了，各位自己拿主意吧！不过，我不考虑逃亡的事。”

箕子也和微子一样内心明白殷商的灭亡已经不远，如若进谏，就会招来横祸。这种日子实在太难熬了，他再也不愿意上朝去当木偶了，于是装疯卖傻，到处游荡。尽管如此，箕子还是被纣王关了起来。

王叔比干看到微子一走了之，箕子装疯不成反而被关，心中感慨万千，他长叹一声说：“为人臣看到国君有错误却不谏阻，就是不忠；怕被屠杀就不敢讲真话，就是不勇。看到国君有错就谏阻，纵然以身殉职也要坚持这么做，这才是对君王尽忠。”他不同意微子、箕子的做法，在纣王面前苦苦劝谏三天都不肯离去。对于敢于犯颜直谏的比干，纣王暴跳如雷。他看到比干抱定必死的决心，坚持到底，就说：“我听说绝顶聪明的人，心与众不同，我今天要看看你的心是不是有七窍，要不你怎敢如此大胆!”就这样，比干被残酷地施以剖心的酷刑。

比干的惨死，震动了朝廷内外，曾表示不考虑逃亡的少师、父师，看到朝廷重臣，忠心报国的，竟杀的杀，关的关，逃的逃，知道纣王不可救药，商朝气数已尽，于是，静悄悄地把宗庙的祭器和各种乐器收拾起来，留作见面礼，急急忙忙地投奔周国去了。

此时，周武王得知商王朝的亲贵，最忠心护卫商朝的人先后被杀、被关，纷纷出逃，也就明白腐朽的商王朝一触即溃。师尚父姜子牙也认为灭商时机已到，决定大举伐商。

周武王率领了一支由三百辆战车、虎贲三千、甲士四万五千人组成的大军，开往商都。过了孟津，会合了前来助战的各方诸侯，一路所向披靡。

公元前1027年2月甲子日的早上，天刚蒙蒙亮，武王率领的大军集结在离商都七十多里的牧野（今河南淇县南）。武王一手拿着明晃晃的大钺，一手拿着指挥大军的白旄旗，面对大军，神色庄严，举行誓师典礼。他说：

利簋。其铭文记录武王在甲子日晨伐商，晚上占领商都。它是目前确知的最早的西周青铜器，也是武王伐纣的唯一文物遗存。

“辛苦了，从西方远道而来的将士们，我们友好盟邦的首领们，司徒、司马、司空、亚旅、师氏、千夫长、百夫长们，以及来自庸、蜀、羌、微、卢、彭、濮的人们，举起你们的戈，排好你们的盾牌，竖立你们的长矛，让我们一起宣誓：

“有句俗话说：母鸡不该在早晨打鸣，如果母鸡在早晨打鸣，这个家庭就要败落。现在商纣王只听信妇人的话，就像母鸡打鸣一样，为商朝招来祸殃。他轻蔑地废弃了对祖宗的祭祀，不闻不问。他昏庸无道，把王室贵族勋臣丢在一边，起用罪人逃犯，让这些人残暴地对待百姓。现在，我姬发执行老天对他的惩罚。

“今天行军打仗时，每移六步、七步，就要注意队形，保持阵容整齐。每次刺击时，不超过四下、五下、六下、七下，也要注意调整队形。这样才能充分发挥集团作战的威力。

“努力吧，将士们！战斗中，你们一定要像虎那样勇猛无畏，像豺那样凶狠无敌，像熊那样力大无穷。不要拒斥商朝军队中前来投降的人，让他们来帮助我们。努力吧，将士们，如果有人胆敢畏缩偷生，那我就立刻杀掉他。”

这篇气吞山河的誓词，就是保存在《尚书》里的《牧誓》。

誓师之后，周武王率领周军与诸侯军队向商推进，车辚辚，马萧萧，旌旗招展，决战的阵势在牧野摆开，商纣王得知武王出兵的消息，也早做好了反击的准备，他调集了各路大军，号称七十万，妄图在牧野阻止武王军队前进。

战幕一揭开，周军以高昂的士气，排着整齐的战阵，在战车的掩护下，迅速而有秩序地推进。商军虽人数众多，但主将无能，士卒中多是俘虏不久的夷人的奴隶，或是早已和商朝离心离德的诸侯军队，早盼着周人快点打过来，他们从内心拥戴周武王这位有德之君。所以，两军一交战，商王的军队纷纷倒戈，阵脚一乱就溃不成军。周武王抓住战机乘胜追击，直捣商纣王的老巢朝歌。

今河南淇县城东纣王墓

商纣王被打得大败后，逃回朝歌。大势已去的商纣，躲在鹿台之上，眼睁睁地看着倒戈的商军与周军一起冲了进来，却毫无办法。他深知自己作恶多端，早已众叛亲离，只剩下孤家寡人，若被擒获，肯定无好下场。于是，他把多年搜刮的珍宝披在身上，堆在身边，就在豪华的鹿台之上，点燃了一把大火，自焚而死，结束了丑恶的一生。

已到朝歌城下的周武王得知商纣玩火自焚，威风凛凛地在诸侯面前宣布了这一消息，诸侯纷纷向武王参拜、祝贺。周武王率领诸侯进入朝歌，此时商朝贵族官吏早已跪在城外迎接。武王安抚这些已是魂飞魄散的人，叫他们不要害怕。当他来到已被焚烧的鹿台，恨从心头起，怒自胆边生，拿起弓箭，对准鹿台就是三箭。随后，拿着剑对着鹿台挥舞三下，表示诛杀无道。此时纣的尸体已被抬出，周武王斩下商纣的头颅，挂在白旗之下，昭示罪恶滔天的商纣受天之罚。纣的宠妃妲己等人都已自杀，周武王命人斩其头，挂在小白旗下，同样朝之射了三箭。这样算是平息了天下人的怒与恨，也为祖父、父亲、哥哥报了仇，雪了恨。

返回军营后，第二天，周武王在朝歌设立了祭坛，举行了隆重的祭祀，宣告：周革殷命，商朝灭亡。周受天命来管理天下。自此周朝正式建立。

周武王命令南宫将纣王藏在鹿台的财物散发给百姓，又把仓库的粮食分给那些忍饥挨饿的人，以此来安抚民心。当他从商都撤离返回周都时，把夏禹所铸、象征华夏民族团结共存的青铜九鼎迁到了周都。这就是古书上说的“商纣暴虐，鼎迁于周”。商王朝六百年的历史至此结束。

“封建”二字不寻常
——周封诸侯

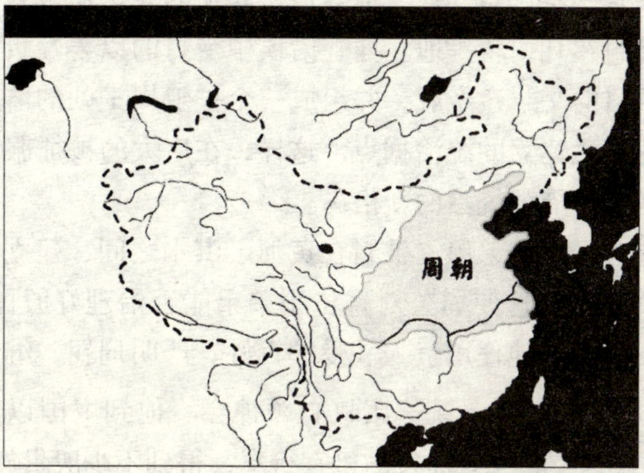

周朝疆域

周武王灭掉了商朝，但商朝毕竟有六百多年历史，而周族比起商族的人数要少得多。如何统治人数众多的商族遗民，如何控制广大的新征服地区，这是摆在周武王面前的难题。他与太公望、召公、周公反复地讨论了这一问题。太公望主张杀掉殷商贵族，以免除后患。周公建议：让他们耕种原来的土地，住在原来的地方，也不必改变他们原来的地位。只要他们向周朝靠拢，还可以提拔他们当官。这种以殷人治殷的方案，有利于缓解周族与商族的民族矛盾。武王采纳了这个建议，就把现在河南殷墟一带、商都王畿一起封给纣王之子武庚，让他继续管理商王朝的遗民。为了防止商族的反叛，周武王把自己的三个弟弟分封在武庚周围，此举被历史学家称为武王设“三监”。

武王还采取一系列措施，争取商族民心。除了散发财宝、粮食，还为商朝有名望的大臣平反昭雪，以争取商朝贵族、王公们在政治上的合作。为了表彰比干的忠烈，把他的坟墓修得又高又大。

周武王大力扶植昔日商朝的敌对势力。一些古老氏族的后代，如神农氏之后、黄帝轩辕氏之后、帝尧之后、帝舜之后、大禹之后等古老部族，这些部族在商朝的残暴统治之下，与商族存在矛盾，甚至有敌对情绪。周武王利用这一点，对他们进行安抚，以便取得支持。这些在周武王的扶植下得以恢复邦国的古老部族，对周武王自然感恩戴德，也成了监视、牵制商族的重要力量。

周朝兴起于西方，对东方的控制是它的薄弱环节，甚至没有力量深入到商王朝控制的东方广大地区。为了填补这方面的空白，周武王从西向东，在黄河中下游大肆分封自己的功臣、亲戚，以加强对东方的控制。

周初，武王大规模地分封诸侯，即封邦建国。武王、周公、成王先后建置七十一国，其中姬姓子弟就占有五十多国。文王的弟弟们被封在东虢、西虢；文王的儿子们被封在管、蔡、霍、鲁、卫等地；武王的儿子们被封在邘、晋等地；周公的儿子们被封在凡、蒋等地。异姓诸侯中受封的以姜姓贵族居多，也有其他贵族。分封的目的是封建亲戚，并组成一个护卫周王朝的藩屏。每个诸侯国都是按照成周的模式建立的统治据点。这样，在广大的被征服地区星罗棋布般的大小封国，构成了周朝统治的新格局。

康叔是武王和周公最小的弟弟，被封在黄河、淇水之间，建立了卫。他的封地很大，领有殷民七族。这使周公对这位小弟弟能否治理好殷民很不放心，于是对他耳提面命一番，让他任用贤人、爱护百姓、严明刑罚，继承文王的传统。康叔心领神会。他到卫国以后，按周公面授的机宜行事，得到不少殷贵族的支持。

唐叔虞

唐叔虞是周成王的弟弟，被封在黄河、汾水以东方圆百里的唐地。唐地原是夏人活动的中心地带，历经商朝，夏人仍保持旧有的风俗。唐叔死后，他的儿子燮父迁居到晋水旁，改国号为晋。晋国周围有许多戎狄部落，先后都被晋国灭掉了，晋发展成为一个大国。

太公望是周王朝三朝元老，立下汗马功劳，屡次受封。初封于吕（今河南南阳），成王又把新征服的薄姑氏的土地和人民封给他，为齐侯，都于营丘（今山东临淄北）。此外他还获得征伐大权。齐国周围的东夷小国，先后被齐国灭掉，齐控制了山东北部的大片地区，成了周朝的东方大国。由于治理有方，昔日的盐卤之地，成为各国诸侯向往的富庶地区，齐国的风俗成为天下人模仿的榜样。

周公是武王的弟弟，辅佐武王灭商，功不可没。武王死后，又摄政，佐成王号令天下。他的儿子伯禽被封的地面，由河南鲁山到奄国故地。建都于山东曲阜，为鲁国。鲁公伯禽由于其父周公的赫赫功勋，受到特别优厚的赏赐，分到了殷民六族。成王还特意给了伯禽一套典册文物，也就是允许他施行周天子的礼乐与典章制度，即实行周礼。伯禽受封后，巩固了周朝在东方的统治，成为周朝在东方的又一大国。鲁、齐成为周朝控制殷民的重要支柱。

召公奭开始被封在河南召陵，武王灭商以后，被改封在远离岐周的北燕，都城设在今天北京西南一带的蓟。召公长子受封为燕侯。由于燕国远离周王都，又与其他诸侯国都距离较远，所以在周王朝的典册之中，有关燕国早期历史的记载很少，以致最早几代燕侯的名号都不甚清楚。但从出土文物看，燕国为北方的发展贡献巨大。燕国与鲁、齐、卫、晋遥相呼应，形成护卫周王朝的犄角之势。

燕国之东有孤竹（今河北卢龙南），是商的同姓国。孤竹君有二子，伯夷、叔齐。孤竹君死后，兄弟二人推让君位，结果都放弃了君位，因仰慕周文王的德行而来到周原。当武王发兵灭商，二人跪在马前进谏，坚决反对灭商。周朝建立后，伯夷、叔齐逃到首阳山，不食周粟，采薇而食。后来有人说首阳山也是周朝的了，首阳山上长的薇也是周朝的，二人抱木不食而死。

商朝的王族微子启受封后建立了宋国，在商丘建都。武王克商时，微子向周军乞降。后来武庚叛乱，他没有参加。所以，在武庚被杀后，他作为商王后裔受封治理商朝旧地。宋国以仁德著称，成为周朝东南的最大藩国。

采薇图（局部），画的即是伯夷、叔齐的故事

周的同姓诸侯国吴（今江苏无锡东南）是季历之兄太伯、仲雍在那里开创的。他们接受当地风俗“断发文身”，同时把周人先进文化传播到那里。吴国是周朝建立后追封的，与周王廷来往不多。

在吴国的南方，出现了由夏人和楚人同当地人民融合而建立的越国。

楚国的兴起，阻止了周朝势力的南

下。楚国原居淮水下游，属于追随武庚叛周的熊、盈族，失败后被迫南下，开拓了长江中游地区。楚国继承了商文化，在南方加以发展，形成了我国南方颇具特色的一大文化区。

巴国（今四川重庆北）是周朝西南最远的封国。武王把同姓贵族封在那里。那里的巴、蜀等族和周朝有同盟关系。

周朝通过分封诸侯，不但巩固了原来商朝统治的地方，而且不断在周边地区扩大其势力和影响，成为远远超过商朝的更强盛的国家。周王朝的最高统治者是周天子。普天之下，莫非王土；率土之滨，莫非王臣。全国的土地、人民都属于周天子所有。首都丰镐一带的地方由卿大夫管理。这些由周天子直接掌握的地区，叫做王畿。

王畿之外的地区，分封给周王朝的同姓或异姓诸侯。这些封国一般都世代相传。他们在封国内具有行政、军事及经济等权，都有相对独立性，但必须承认周天子是他们的共主。分封诸侯时要举行分封行赏的仪式，要宣布周天子对诸侯王的册命和封地疆界的大小、奴隶的人数等。周天子要定期巡视封国。诸侯要按期向天子述职、朝觐、行聘、纳贡，必要时领兵出征，讨伐不从王命者，到王室戍守。

诸侯对其封地同样进行分封，这些受封的人是同族的卿、大夫。卿、大夫再把自己受封的封地分配给同族的士。士以下不再分封。

由于分封制是上级对下级的统治，自上而下构成了一个庞大的统治网，这样也就形成了各级土地占有者之间严格的等级隶属关系。由于周王朝的分封制及由此形成的严格的隶属关系是在同族内进行，这样，宗法制度也就形成了。天子世代相传，每一个天子都是以嫡长子的身份继承王位。而嫡长子之外的弟弟受封为诸侯。每一代诸侯也是由嫡长子继承侯位。卿大夫的弟弟们为士。士的嫡长子仍继父位为士，余者为庶人。

这种宗法制度是联系贵族大家庭的纽带。每个大家族都有共同的直系祖先、共同的宗庙、共同的墓地，有互相保护的义务。周天子是各封国的这些大家族的总族长，对各国同姓诸侯而言，既是政治上的共主，又是天下百世不迁的大宗。只要封国存在一天，就得承认与周天子的血缘关系，就要聚集在天子的旗帜之下。这样一来，周王朝同姓的大小封国就成为伯父、叔父，而异姓封国就是伯舅、叔舅了，他们各自在周王朝这个整体中发挥作用，真乃天下一家啊！

宗法制度是周代所有制度的核心。周代的政治制度、礼制、法制、思想观念和文化意识，全都是在分封制与宗法制的基础上生长起来的。宗法制对中国社会的影响是巨大的。

氤氲的礼乐之光
——周公摄政

周公

周武王灭商后，这年四月的一天，在月亮开始放出光辉时，武王回到了丰邑。他把战马放归华山之南，明示天下，不再乘用。停止武备，修治文德。他遍告天地祖宗，伐商的武功已经完成。

武王由殷商返回镐京时，把箕子也带来了，他知道箕子是难得的贤才，向他询问治国方略。武王还与太公望、周公等辅臣讨论各种治国方略。

由于日夜劳神，在灭商后的第二年，周武王竟一病不起。当时他的儿子成王年少，还不能担当重任，如果此时武王死去，将使灭商后复杂的政治局面更加棘手，因此辅佐大臣都心急如焚。虽然周公向祖先做了祷告，但不久武王还是被疾病夺去了生命。成王年纪还小，所以就由周公代替成王执政，历史上称为“周公摄政”。

周公权力的增大，引起了流言蜚语。但姜尚和召公理解周公磊落的胸怀，支持他辅佐成王，帮助他安顿了姬氏的其他兄弟。

商纣王的儿子武庚不甘心商朝的灭亡，抓住武王病逝，成王年少，管叔、蔡叔与周公闹矛盾的有利时机，进行叛乱，想摆脱周王朝的控制，并取而代之。他发动了大规模的武装叛乱。在这种危急形势下，周公率兵东征杀掉了武庚。接着又挥师东进，对那些与武庚一起作乱的东方各国大加讨伐。这次东征，前后共用了三年多的时间。自此，周王朝消灭了东方诸国的反抗势力，开始切实地把势力深入东方，逐步实现了对东方广大地区的控制。

周公摄政时做的另一件大事是营建成周。

武王灭商后，很快发现都城镐京远在西部，不便于控制东部新征服的广大地区。因此，成王、周公决定按照武王的遗愿，大规模地营建洛邑。

成王命周公去洛邑进一步进行审核，并负责监督修建新邑。周公把“殷顽民”迁来作为营建的劳动力，在洛水旁修起了宗庙、宫殿和市肆，一座与西方镐京遥相呼应的巨大城邑修建起来了。周人把镐京称为宗周，把新落成的洛邑称为成周，又叫东都。东都洛邑建成之后，周公鼓励成王迁到洛邑，而成王则主张让周公治理东都。

于是在戊辰这一天，成王在洛邑举行冬祭，向先王报告岁事，用一头红色的牛祭文王，又用一头红色的牛祭武王。成王命一个叫逸的作册官，宣读祭祷的册文，报告文王、武王，周公将继续治理洛邑。就这样周公接受成王之命，继续治理洛邑，完成文王、武王未竟的使命。

他把殷民迁到成周。殷民留恋故土，多有怨恨。周公代表成王发布诰令，说明让他们迁徙的原因，宣布政策，指明前途。周公对被迁的殷民说：

“啊！告诉你们，我让你们迁居，并不是我秉性好动，这是天命。天命不可违背，我不敢迟缓执行天命，你们不要怨恨我。你们依旧可以保有土地。但你们若不谨慎恭敬，你们不但不能保有土地，我也将会把老天的惩罚降到你们身上。你们在洛邑会有安乐，会有丰年。从迁洛开始，你们的子孙也将兴旺发达。要顺从我，只有顺从我，你们才能长久安居！”

宣布政策，安定人心，分化瓦解的同时，周公还有“成周八师”在这里重兵戍守，随时镇压敢于反抗的殷人和东方各民族。周公对殷人实行军事镇压和政治瓦解相结合的政策收到了很大的效果，殷商遗民逐渐顺从了周王朝的统治。周公死后，成王曾一度把都城迁到成周。因此，成周洛邑的兴建对周王朝统治的巩固具有重大战略意义。

周公还制礼作乐。为了巩固西周统治阶级政权，加强统治阶级内部团结，他参照夏商的礼乐制度并结合周族固有的氏族传统，制定了一套区别君臣、上下、父子、亲疏、尊卑，维持周统治关系的礼制及其他典章制度。这被后代历史学家称为周公“制礼作乐”。

所谓周礼有两层意思，一是周代的礼法、政法制度。主要有分封制、宗法制及与其相适应的政法、礼法制度。它们有力地维护着周的统治。另一层意思是礼俗。主要是周代的各种文化制度、风俗，对后代有深远的影响。

今山东曲阜周公庙

周代宗伯所掌之礼有五大类：即吉礼，共十二项；凶礼，共五项；宾礼，共八项；军礼，共五项；嘉礼，共六项。

以上五类三十六项只是宗伯所掌之礼的目录，要详细了解这些礼的具体内容，那得专门写一本书了。正是这些礼俗影响了周代国民的社会人生。下面略举一二，略见周代礼俗一斑。

冠礼。男子到二十岁行冠礼。行冠礼前要占卜选择吉日，选择主持人。到了日期，要到专门的地方，主持人带着三种帽子：缁布冠、皮弁、爵弁，举行加戴这三种帽子的仪式，然后，要给参加冠礼的宾客斟酒，为行冠礼的年轻人取字。冠礼完毕要拜见国君，谒见乡大夫、乡先生，来表明他是成年人，可以参加成人的行动了。凡士以上都要行冠礼。天子在十二岁时也要行冠礼。

婚礼。周代的婚礼，先要派媒人与女家通言。女家答应后，还要派人纳采，接着要问名、纳吉、纳征、请迎等。到了日子，父亲给儿子斟酒，命他去迎亲。子承命到亲家，带着雁进入，郑重地把雁送给亲家。出门要乘车，预先到门外等待妻子出门，引导她上车同归。夫妻同享祭品。第二天，妇见于舅姑，舅姑宴请他们。三月而庙见。女子许嫁，要把头发梳成成年人的样子并取字。

除此之外，丧礼、祭礼、射礼、朝礼、聘礼等都是很重要的，其中的祭祀之礼在周代被认为与军旅大事等同。周代的祭礼遍及天地、山川、日星、风雨、户灶、门行、猫虎、厉鬼之类，都有专门的祭祀活动。

周代的行住坐卧也都有其礼俗，下面略举一二：

饮食之俗。饭盛在器皿中，要用匙取，同时用手接着。饭前要洗手。吃的时候要双手捧起。吃完了，要把手弄干净。如果是宾主同食，主人给宾进酒，叫献；宾用酒报答，叫酢；主人饮酒劝宾，叫酬；正献已经完毕的酒，叫旅酬。要用左手拿盛酒的爵。君臣男女不互换酒爵。

相见执挚之俗。与尊者相见，一定要带礼物。例如大夫用雁，士用雉，工商用鸡。士见大夫，主人要等客人出门后，在门外把他带来的礼物交还。臣见君，则不还挚。如果此国之臣带着礼物去见他国之君，君也要送还其挚。妇人之挚，枣、栗等；无挚，则不能成礼。

类似的礼俗还有迎举揖让授受之俗、拜跪之俗、坐立行走之俗，这些礼俗未必是周公制定的，但周公制礼，对其有推动作用。

周公作乐。有关周代音乐的记载，资料也颇为详备。周代的乐舞既继承了历史相传之功德，又传播了各地人民的习尚。乐与礼的内容相配合。如奏黄钟、歌大吕、舞《云门》，以礼天神。

周代已经有非常完整而又庞大的乐队、舞队，并且因等级不同而规模递减。

周代异常重视礼乐相配合，将功利目的与美统一起来。周公制礼作乐，不但对当时，而且对中华民族后来的礼乐制度、文化发展都产生了重要影响。

周公摄政前后共出现两次危机。其中一次是周公还政成王，有人向成王说周公的坏话，引起了成王对周公的怀疑。周公有口难辩，只得悄悄地离开成王跑到南方的楚国去避难。一个偶然的机会，成王打开了档案库，看到了周公在自己生病时，向老天爷祈祷的记录。那是在周公摄政的年月里，成王得了病，周公非常着急，赶忙向上天为成王祈祷，说："国王年纪轻，并没有做什么错事。如果有什么错事惹得上天发怒，那责任在我，请上天来惩罚我好了。"周公的祷告词被史官记录，藏在王室的档案库里。成王见到祷告词，被周公的一片忠心感动，为自己听信谗言、无端怀疑周公而懊悔，竟然痛哭流涕，连忙派人把周公请了回来。此后成王对周公深信不疑，更加敬重。

周公是在成王年幼时摄政的，七年后还政给成王。后来，周公生病，说："一定要把我葬在成周，来表明我不敢离开成王。"周公死后，成王把周公葬于毕，和文王安葬在一起，他说："这表明我不敢把周公当作臣子。"

周公与文王一样，不仅具有君主之才，而且多才多艺，是中国历史上著名的哲学家、思想家、政治家、军事家，也是一位诗人、音乐家。

愤怒终决堤，纪年自兹始

——国人暴动

“国”字在西周时期有两个含义：一是国家；二是城郭，尤指国都。西周有“国”与“野”之分。国人，主要是指居住在国都，城里的平民和手工业者、商人等居民。这些平民本来是氏族成员，与贵族处于平等地位。在阶级分化之后，平民虽处在被统治地位，但毕竟与奴隶不同，他们仍然保留着原始社会的民主传统、平等观念，尤其周初文王、武王的文治及“敬德”观念，使平民敢于反抗专制暴君，在中国历史上写下了浓重的一笔。

国人暴动发生在周厉王时期，并不是偶然的，它是西周中期以后社会矛盾积累的结果。

穆王之子繄扈即位为恭王。有一次到泾水出游，陪同的人中有个叫密康公的，竟乘机弄到三个女人。康公的妈妈见到后，就劝他说：“一定要把她们献给恭王，三兽为群，三人为众，三女为粲。君王打猎不敢取群，官府要想着为众人谋福利，君王驾车不敢用一样颜色的马，以免显得太奢华。这三个粲美的姑娘，怎么能平白无故地属于你呢？即使她们愿意从你，你又以什么德行消受呢？你这个小丑要是贪心太大，一定离死不远了。”密国的康公并未把这三个姑娘献出。一年后，周恭王灭掉了密国。

这件事表明了社会时尚的改变，纵情享乐、不顾礼法，周初的那种忧患意识已被丢在了脑后。

到懿王时，周朝国力衰弱，周室衰微。民间有讽刺的诗流传。这时戎狄更盛，轮番侵扰中原。懿王死后，他的叔父辟方立，为孝王。

周孝王对养马业非常重视。当时有个叫非子的人善于养马，他养的马膘肥体壮，繁殖很快。周孝王把非子请来，让他在富饶的平原上主管养马。由于他对马调教有方，深受周孝王赏识。周孝王把秦（今甘肃一带）封给了他，并让他继承了舜时赐给他的祖先伯翳的姓，称为秦嬴。非子成为秦国的始祖。非子向来与西戎各部落关系较好，为周王朝争取西戎各部落，做了很多工作。

但孝王七年冬天，一场大雨夹杂着巨大的冰雹从天而降，冰雹大得像磨刀石。不少牛马被冻死，江水和汉水都结了厚厚的冰。此后北方变冷，大象等热带、亚热带动植物不是被冻死就是被迫南迁，这场灾害无疑消耗了周朝的国力。

孝王死后，诸侯把懿王之子燮扶上了王位，这就是周夷王。周夷王对拥立他的诸侯非常感激，不敢摆架子，当诸侯进王廷朝见，他常常从天子的殿堂走下来，随便与他们交谈。这是以前的周天子从未做过的。这一举动受到诸侯的高度评价。但也有人认为这样做有失天子威严，对他不够尊重。夷王三年，各国诸侯被召集到镐京，齐哀公被活活地扔进大鼎里烹死。周夷王是想杀一儆百，使天下诸侯服从他的统治。这件事反映了周王朝统治阶级内部冲突加剧，王权越来越专制暴虐，诸侯也日益放纵，蔑视礼法。

夷王二年，蜀人、吕人派人来贡献美玉，夷王在黄河边上举行了盛大的仪式。七年，他派虢公统帅六师去征伐太原的西戎，双方在俞泉遭遇，虢公大胜，掳获了上千匹好马。

西周中期，从恭王、懿王、孝王到夷王，由于四周戎狄和淮夷交相侵扰，四顾不暇，忙于应付。连年的战争消耗了大量人力和财力，使周朝元气大伤。加上天灾不断，统治者贪图享乐，加重了赋敛，孕育了各种社会矛盾。

夷王在位十六年而死，儿子胡即位，这就是历史上有名的暴君之一——周厉王。

周厉王生活腐化，生性贪婪。他任用虢公长父和荣夷公。当时土地国有的缺口已被打开，贵族“私田”越来越多。顽固维护土地国有的荣夷公，向厉王建议，实行“专利”政策，即宣布山林泽薮的所有出产，都归周天子所有。这项政策大大地侵害了需要到山林中砍柴、摘果，到江湖中打鱼摸蟹的平民利益。这种公开与民争利的政策引起国内民众的不满。一个名叫芮良夫的大夫不顾个人安危，劝谏厉王，让他废除这种无理规定，因为这些出产，自人类学会采集渔猎以来，民众就赖此为生。芮良夫向厉王指出专利的危害。

他说：“荣夷公好利而不知大难即将临头。财利百物所生，天地所载，它本不属于任何人，又是人人都可以利用的，怎么允许天子专有呢？您这样会激怒众人。而众怒难犯，不可不戒备。如此，您的统治怎么会长久呢？受人拥戴为王，就是要给百姓广开财路，要使天赐百物都被百姓充分地利用。周朝的先祖向来对百姓施惠布利，所以百姓也一直拥戴他们至今。所以，如果要采用荣夷公的办法，肯定行不通。”

周厉王对芮良夫披肝沥胆之言，听不进去，继续任用荣夷公为卿士，结果许多诸侯都不来朝拜。民怨沸腾，谤言四起。

大臣召公听到朝野上下对厉王的批评，向厉王如实报告。厉王听了火冒三丈，派卫国的一个巫师去监视，下令：如果听到有谁再发表谤言，格杀勿论。这样一来，确实没人敢公开批评厉王了。但是，这只能使百姓更加不满厉王的暴虐，人们敢怒不敢言，路上碰见熟人时，互相使眼色。这叫“道路以目”。

听不到百姓批评指责的言论，厉王非常高兴，他把召公找来，对他说：“怎么样？他们再也不敢随便瞎说了吧。”召公并不以为然，他说：“不是谤言被止住了，而是你堵住了百姓的嘴。你要知道防民之口甚于防川的道理。堵住百姓的嘴就像堵住了奔流不息的河川，积累的流量一旦冲垮堤坝，就会伤人更多。因此要正确疏导，要让老百姓讲出心里话，让百姓把心中的积怨宣泄出来。过去天子听政，从公卿列士到百工庶人，大家献计献策，充分发表各种意见、谏言，最后才反复斟酌决策。像你这样堵住百姓的嘴，究竟能坚持多久呢？”

厉王继续一意孤行。正如召公预料的，三年之后，百姓像决堤的洪水一样，冲向王宫。愤怒的国人手持武器，前呼后应，包围了厉王的王宫。大势已去的厉王，在国人还没有冲进王宫之前竟偷偷地溜走了，这位昔日不可一世的暴君，夹着尾巴渡过黄河，跑到了彘地（今山西霍州一带）。这就是历史上有名的“厉王流彘”事件。

厉王逃走时，非常狼狈，连他的太子静也被丢在宗周。在混乱中，太子静躲进了召公的家中。愤怒的国人得知后，包围了召公的家。国人对召公比较尊敬，但是并不放过太子，因为厉王的逃走，使满腔仇恨的国人，无处发泄。这使召公非常为难。召公说：“过去我屡次进谏，厉王不听，反而怪罪我。他今日逢此劫难，我不能落井下石。如果我把太子交出去，太子因此被杀，厉王一定认为我恨他，才这么做的。我面对君王应该怨而不怒。厉王逃去了，仍是天子，太子是未来的天子，不能交给国人。”于是他把自己的儿子交出去代替太子，混乱中，召公之子当了太子的替死鬼。真正的太子躲过了这场灾难。

国人暴动之后，贵族百官召开会议，公推共伯代行天子之政。共伯，名和，好行仁义，在诸侯中享有贤名。历史上称为“共和行政”。

公元(前)	干支	周	鲁	齐	晋	秦	楚	宋	卫	陈	蔡	曹	燕
841	庚申	共和 1	真公 15	武公 10	靖侯 18	秦仲 4	熊勇 7	釐公 18	釐侯 14	幽公 14	武侯 23	夷伯 24	惠侯 24
840	辛酉	2	16	11	釐侯 1	5	8	19	15	15	24	25	25
839	壬戌	3	17	12	2	6	9	20	16	16	25	26	26
838	癸亥	4	18	13	3	7	10	21	17	17	26	27	27
837	甲子	5	19	14	4	8	熊严 1	22	18	18	夷侯 1	28	28
836	乙丑	6	20	15	5	9	2	23	19	19	2	29	29
835	丙寅	7	21	16	6	10	3	24	20	20	3	30	30
834	丁卯	8	22	17	7	11	4	25	21	21	4	幽伯 1	31
833	戊辰	9	23	18	8	12	5	26	22	22	5	2	32
832	己巳	10	24	19	9	13	6	27	23	23	6	3	33
831	庚午	11	25	20	10	14	7	28	24	釐公 1	7	4	34
830	辛未	12	26	21	11	15	8	惠公 1	25	2	8	5	35
829	壬申	13	27	22	12	16	9	2	26	3	9	6	36
828	癸酉	14	28	23	13	17	10	3	27	4	10	7	37
827	甲戌	宣王（姬静） 1	29	24	14	18	熊霜 1	4	28	5	11	8	38
826	乙亥	2	30	25	15	19	2	5	29	6	12	9	釐侯 1
825	丙子	3	武公 1	26	16	20	3	6	30	7	13	戴伯 1	2

十二诸侯年表

“共和行政”的另一说法是，诸侯请召公、周公二位宰相，共同执掌国政。

国人暴动这一重大历史事件的记载，也见于铜器铭文。从铭文看，参加暴动的国人，有各种各样的人。

这次国人暴动是一次具有重大意义的历史事件。共和行政期间，厉王时期的种种弊政被去除，百姓的生活也有所改善。正是国人暴动摧垮了厉王的专利政策和他那暴虐的统治。这次政治暴动发生在周的政治统治中心——宗周，并且具有如此广泛的群众基础，沉重地打击了周朝的政治体系，从此周朝衰落下去。原有的政治体系、思想观念体系、相关的礼乐制度、天子的神权招牌，都在这次暴动中分崩离析，为新的生产力的发展，新的政治体系的产生开辟了道路。

从此，中国历史有了确切的纪年，司马迁所著《十二诸侯年表》就是从这一年开始的。这一年是公元前 841 年。

冷美人一笑“倾”国
——烽火戏诸侯

中国人的观念中，常把女人视为祸水。这祸水一词源于周幽王时太史伯与郑桓公的一场谈话。

周宣王死后，他的儿子宫涅即位，这就是西周腐朽的末代天子——周幽王。周幽王上台之后，任用善谀好利的虢石父为卿，引起了国人的不满。当时在朝廷任职的太史伯和司徒郑桓公都是非常有才华的人，可都不被重用。这两位聪明绝顶的大臣，已经预感到周朝即将灭亡，便在一起商量怎么躲过这场祸乱。这是一场非常重要的谈话，因为史伯在这场谈话中谈的许多内容，全都被后来的历史发展所验证。这不能不使人为幽王感到遗憾，因为才华横溢的大臣不被任用，只能使其成为一个预言家。

史伯在那场谈话中详细分析了周朝一定灭亡的原因，其中之一便是幽王三年，得到一个美貌的女子褒姒，周幽王对她非常宠爱。谈到这位女子的来历，史伯说，还是夏朝开始衰落的时候，有两条神龙来到王廷，说：“我们是褒国的二位君长。”夏朝君臣惊恐无比，不知道对他们怎么办才好，提出好几种办法：杀掉，送走，制服……占卜的结果都不吉利。他们绞尽脑汁，想出一个又一个办法，进行占卜验证，最后终于找到一个吉利的办法，那就是想办法让它们流唾液，并把这些唾液珍藏起来。于是夏朝人摆上各种礼品，并把这想法告诉了神。当神龙飞走之后，夏王让人把它们留下的唾液珍藏在一个精致的盒子里。夏朝灭亡后，这个小盒传到了殷代，殷灭亡后，又传到周代。夏、商、周三代，没有哪一个人敢打开这个盒子。但是到厉王时期，这位无道的暴君胆大妄为，竟在王朝之上打开盒子，要看个究竟，结果腥臭的唾液流得宫廷内外到处都是，想尽办法也除不掉。周厉王突发奇想，让宫中妇人脱光了衣服，大喊大叫，说是以秽治秽。忽然唾液化为一只乌龟，进入王府，碰上后宫内的一个小宫女，等她长大后，竟身怀有孕，在周宣王时生下了一个女孩。未婚而生育，使小宫女非常害怕，生怕国王怪罪，于是她偷偷地把这个婴儿丢掉了。有一对卖桑木弓和箭囊的夫妇，夜里碰见这个在路旁哀哭的弃婴，觉得很可怜，于是，抱着她逃到了褒国。这个小女孩在褒国长大，竟然姿色超群。后来褒国的褒姁犯了罪，便把这个美丽绝伦的女子进献给周幽王来赎罪。因为她来自褒国，被人称之为褒姒。周幽王对她宠爱无比。后来她生了儿子伯服，幽王便废掉了皇后申后和太子宜臼，又正式册封褒姒为皇后，册立伯服为太子。史伯引经据典，似乎考证了褒姒的身世，其实他不过是讲了一个寓言，其寓意是：女人是祸水，酿成的灭国之祸已经没有办法挽救了！

周幽王自得褒姒，终日饮酒作乐。可是这位褒姒竟是位冷美人，难得一笑。越是这样，幽王越是要让她发笑。幽王想尽了一切办法，想使她发出笑声，都没有达到目的。有一天，周幽王心血来潮，别出心裁地想出了能逗得褒姒大笑不止的办法，一场“周幽王烽火戏诸侯”的闹剧就这样上演了。

原来，古代交通不便，通讯联络极为困难，而来自北方、西北的游牧民族的马队，常常以极为迅捷的速度入侵。我国古代发明了用狼烟报警的方法。其方法是，在山顶上修筑起高大的烽火台，上面提前预备放好多狼粪、火把之类的点火工具，并派兵在台上驻守。一旦有敌情出现，看守烽火台的士兵白天就燃起狼粪，这时，一缕白烟便直冲云天，很远的地方都能看得见。凡是见到远处有白烟升起的烽火台，也立即点起狼烟，一个又一个烽火台便很快把敌人入侵的消息传入京城。若是在夜里，则点起火把，远处看见火光冲天，便知道发生了紧急军情。所以，狼烟四起，是说有敌人入侵，它不能不使人神经紧张。尤其是国都之内，王宫的烽火台上要是燃起狼烟、烽火，那意味着国难当头，不能不使人惊心动魄。

这天，周幽王陪伴褒姒来到烽火台上，点起了狼烟、火把，把战鼓也擂得震天作响。于是各地烽火连天，诸侯们以为外敌已进入京师，连忙率领兵马赶到镐京。惊魂未定、前来勤王的诸侯们，来到烽火台边，只见周幽王陪伴着褒姒悠悠地饮酒作乐，根本不是什么紧急军情。心惊胆战的诸侯受到如此愚弄，怒不可遏，又无处发泄。褒姒看到一个又一个诸侯先后赶来，得知被骗后的狼狈相，禁不住大笑不止。周幽王看到褒姒大笑，内心的满足使他更加心花怒放。

于是周幽王如法炮制，结果前来勤王的诸侯一次比一次少。后来，当幽王再点起烽火时，根本没有人理睬了。这非常像一个被人熟知的寓言故事《狼来了》。在人们编写的寓言中，主人公不过是个说谎的孩子。可是烽火戏诸侯的主人公竟是一国之君主。他点起的狼烟比那个高喊“狼来了”的孩子更使人震怒，结果自然比那个孩子更惨。不同的是一个是寓言，用来教育孩子；一个是历史，见于最令人信服的史籍。

朝外诸侯被愚弄，朝内的才德之士被排斥，国家内外离心离德。司徒郑桓公竟向太史伯提出这样的问题：“王室多变故，我很害怕。大难就要临头了，怎么样才能逃死呢？”太史伯分析了朝廷内及各个诸侯国的形势，最后指出，周的存亡不出三年就见分晓，要想避难，必须尽快地找到避难所，不然，就来不及了。

今陕西骊山烽火台

周幽王废黜申后之后，申后的父亲申侯非常恼火。公元前771年，申侯联合了缯国对周王朝大兴问罪之师。申侯正像太史伯预料的那样，勾结了西戎以壮大自己的力量，一同向周王都进攻。周幽王吓慌了手脚，连忙燃起了烽火向各国诸侯报警。但是，各国诸侯已被周幽王欺侮愚弄了多次，这次的烽火狼烟又从王都升起，自然被认为是幽王又一次戏弄他们，谁会理睬呢？所以，这次没有诸侯前来勤王。镐京很容易地被申、缯和西戎的联军攻破。周幽王带着褒姒出逃，到骊山（今陕西临潼）脚下被戎人追上杀死，褒姒成为戎人的战利品。繁华的王都镐京被洗劫一空，乱兵在这里烧杀抢掠，周王朝聚敛的大批财宝、珠玉被席卷而去，经营了长达二百五十年的都城，被破坏殆尽，残破不堪。

从武王灭商到幽王被杀，一共经历了十一代，十二王，历经约二百五十七年的西周王朝就这样灭亡了。

人们提到西周的灭亡免不了提到女人是祸水，提到烽火戏诸侯这样怪诞的史实。但是，杀了周幽王，除掉了褒姒，不但没有挽救西周灭亡的命运，我国历史反而进入了一个更加混乱的大动荡时期。所以，历史学家不得不从更加广阔的历史背景中寻找西周灭亡及随后的历史动荡的原因。这里让我们听听列子这位寓言家讲的寓言故事：公仪伯因为力大无穷而在诸侯中闻名。堂谿谷把这件事告诉了周宣王。周宣王以最高礼仪把这位力大无穷的大力士请来。但一见面，宣王看到他的形象却是位懦夫。宣王迷惑不解而心生疑问，问道："都说你力大无比，究竟怎么样啊？"公仪伯说："我的力量能折断蝈蝈的大腿和知了的翅膀。"宣王变色说："我的力量能撕裂犀牛的皮，倒拉九头牛的尾巴，还恨力量不足，可你竟以折断蝈蝈的大腿和知了的翅膀而力闻天下，这是为什么呢？"公仪伯长叹一声说："请允许我把实情告诉您。我的老师商丘子，力无敌于天下。可是，他的六亲都不曾知道他的力量天下无敌。因为根本没人让他用过他的力量。我死心塌地追随他，他才告诉我说：'人们想要看他不能看到的东西，先观察别人不去窥视的东西；想要得到他不能得到的东西，先修习别人不去做的东西。'所以，学习提高看的能力，先注意看一车柴；学习提高听力，先去听撞钟的声音。有些事对自己容易，对别人也不难；对别人不难，所以名声不会传得很远。如今我在诸侯中有名气，是因为我违背了老师的教导，把自己的本事显示出来了。我有名声，不是因为我有力量，而是因为我能用我的力量，难道我不是超过了有力量而不用的人吗？"这则难以理解的哲理寓言，仁者见仁，智者见智。但是列子抓住了那个动乱时代的基本观念，那就是对力的崇拜，把周朝原有的思想观念彻底冲垮，使社会陷入长期的混乱。

所以，周幽王也实在是个不走运的帝王。他登上君位的第一年，就发生了大旱灾。全国的河流都干得见了底，庄稼全枯死了。民众背井离乡，难以谋生。《诗经·大雅·云汉》和《召旻》等诗篇记述了这次旱灾的悲惨景象和人民的痛苦心情：

严重的旱灾持续很久，
河湖干涸山野光秃。
大旱的恶魔逞凶施虐，
骄阳似火到处在燃烧。
酷暑要把我的心点着，
忧虑要把我的心烤焦。

我向群神列宗列祖求告，
可他们似乎谁也不知晓。
老天啊！上帝啊！
难道我真的没有活路了吗？

屋漏偏逢连天雨，幽王即位的第二年，首都镐京和泾水等流域又发生了强烈地震。《诗经·小雅·十月之交》记叙了这次地震的景象：

隆隆巨响强震电闪，
突降灾异心惊胆战。
所有河流巨浪漫卷，
山峦倾倒天塌地陷。
高岸突陷成为低谷，
深渊隆起丘陵忽现。

连续不断的天灾，使生活在动乱社会中的人们的心灵蒙上巨大的阴影，周王朝的史官认为灾异是上天对周幽王的警告。果然，不久后，三川（泾水、渭水、洛水）枯竭，岐山崩塌。十一年后，周幽王被杀了，西周灭亡了。

如此说来，或许周幽王也无力回天，旱灾和地震使周王朝的社会生产遭到严重破坏，社会秩序陷入了混乱之中。而周幽王还是一味享乐，终于酿成了国败身亡之祸。

破灭的“九鼎”神话

——平王东迁

周幽王死后，各国诸侯才得知这次烽火并非像往常一样。卫国、晋国、郑国和秦国的诸侯都带领人马前来救援。他们星夜赶到镐京以后，杀退了戎人。但留下的只是一座被焚毁、洗劫后的空城。各国诸侯看到幽王已死，就与申侯、缯侯商量，把幽王的长子宜臼从申国请回来，拥立他为周王朝的天子，为周平王。

与此同时，虢公翰也拥立王子余臣为天子，称为携王。于是出现了两周并立的局面。十余年后，晋文侯仇杀携王，周室才归于一统。

平王见镐京已成为一座废墟，这里又离戎狄太近，于是就把都城向东迁移。公元前770年在诸侯的护卫下，平王把都城迁到了洛邑（今河南洛阳），这就是历史上的“平王东迁”，从此，周王朝被称为东周，由于有一部史书《春秋》记载了此后东周的前期历史，又被称为春秋时代。

平王东迁主要依靠的是郑、卫、秦、晋四国，这四个诸侯国从东、北、西三面环绕着东周王室，春秋初年与王室关系密切。

郑国与周都城东南部接壤，本是个受封很晚的小诸侯国。始封君是周厉王的小儿子，名友，这就是郑桓公。由于他为政有方，周幽王请他到王室做司徒，掌管民政事务。他预感到周室将亡，向太史伯求避难之计。史伯告诉他：“百姓都爱戴你，你可以先把妻室和财产寄放到虢、郐之地，一旦有机会，那里的人民都会成为你的百姓。”郑桓公依计而行，后来果然在这里建立了郑国。遗憾的是，郑桓公本人却在护送周幽王出逃时，被西戎杀死。他的儿子郑武公，率领大军为父报仇，在与戎人的战斗中战功显赫。周平王让他继任父职，为司徒。

东周王室的东北是卫国。它包括今河南北部、河北南部的广大地区，国都在朝歌（今河南淇县）。卫始封于周初，始封君是周武王的弟弟卫康叔。到了卫武公时，卫国大治，百姓安居乐业。得知西戎杀死幽王的消息，他奋力平乱，立下大功，被周平王封为“公”的爵位，得到周平王的特别嘉奖。

秦国在东周王室的西边。始封君是周孝王时的非子。周厉王任命非子之孙秦仲为大夫，让他讨伐西戎。秦仲为国捐躯，宣王又命他的儿子秦庄公继续攻打西戎。秦庄公的儿子是秦襄公。由于世代与西戎有家仇国恨，秦襄公在幽王被杀后，奋力与戎人拼杀，为雪祖仇兄辱之恨，立下了战功。他不仅在驱逐犬戎的过程中战功卓著，而且护送周平王“东徙洛邑”，也出了大力。这使周平王感激涕零，把本是大夫的秦襄公一下子破格提拔为诸侯，并把岐山以西的大片土地封给秦国。周平王还与秦襄公约定说：“今后秦国如能把戎人赶跑，收复的失地尽归秦国所有！”这极大地刺激了秦襄公。继秦襄公之后，他的儿子秦文公打败了西戎，西周关中富饶的土地尽归之于秦。其地与东周为邻，东北与晋隔河为界，南过秦岭到达今陕西南部。

秦襄公护送平王到洛邑后，凯旋归国，踌躇满志。在西畤刻石记功，这就是流传至今的《石鼓文》。在十块圆顶平底、圆柱形花岗岩大石上，刻满了秦国大篆文字。十件石鼓，各刻四言诗一首，原文700字以上。内容主要记述了秦襄公护送平王东迁、攻戎救国等等。

在平王东迁中立下大功的另一个诸侯国是晋国。它地处周王室的北面，以汾水、浍水为中心，是周公灭掉唐国后建立的一个侯国，始封君是周成王的弟弟叔虞。据说周成王即位后，叔虞还小，成王也不大，两个人在一块玩耍，周成王用一张桐树叶做成一个圭（古代贵族受封标志，由玉制成，要在朝聘、祭祀等重大场合佩戴的礼器之一），他把这个桐叶圭送给叔虞，开着玩笑说：“我就用这个封你吧。”这话恰好被周公（一说是史佚）听到了，就要求成王兑现。成王说：“我是和他开玩笑的。”周公说：“天子无戏言。”这样，成王就封叔虞于唐（今山西翼城）。对这个“桐叶封弟”的故事，唐代大文豪柳宗元专门写了一篇文章来说明故事是不真实的，但成王的弟弟叔虞确实被封在山西一带。叔虞之子改国号为晋。叔虞之孙南迁到都城曲沃（今山西闻喜东北），到穆侯时，国都又迁到绛（今山西翼城东）。穆侯之子文侯护送周平王东迁，后来又攻杀了与平王对峙的槜王。在受封册命的仪式上，周平王赐晋文侯香酒一卣；红色的弓一张，红色的箭一百支；黑色的弓一张，黑色的箭一百支；四匹马。

平王即位后面临的形势极为严峻。周王室失去了镐京这块宝地，军队也失去了战斗力。东迁之后，这种严峻的形势并没有多少改变，从此诸侯的势力越来越强，而天子的号召力越来越弱。

平王东迁，故土丧失，后为秦人所有。东周王朝只拥有今河南西北部的一隅，大约方圆六百余里之地。此后，在公元前712年又把黄河北岸沁水之南的温赐给了有功之臣郑国诸侯（后又转赐给了晋国）。公元前673年又把陕西东边的酒泉赐给虢国，虎牢（今河南荥阳境内）以东之地赐给郑国。公元前638年，秦晋两国将允姓九戎迁到伊川（今洛阳南伊河），于是周的地盘仅方圆一二百里，与方圆数千里的大国相比，周王室只相当于一个小小的诸侯国。

由于王室式微，西周一套严格的礼制被破坏了。在维持政治上的等级制度繁杂的礼制中，最重要的是列鼎制度。鼎本是一种三脚炊器，用来煮食物。原来是陶制的，后用青铜制造。古代生产力不发达，获得好的食物很不容易，一旦猎获野兽便认为是祖先神灵赐予的。当食物在鼎锅内煮熟，就食之前，人们都要向祖先神灵举行祭礼，这是一种虔诚的谢恩仪式。主持这种仪式的人自然是德高望重的长者，是一位与神灵沟通的代表，能代天发号施令。久而久之，一方面鼎成了祭器而具有神圣的意义；另一方面鼎成为权力的象征，由鼎的数量确定人的等级。因此，鼎的得失往往是政权更迭的同义语。所以，当楚庄王向王孙满打听周鼎的轻重时，受到王孙满的严厉斥责，被认为是想取而代之。

周定王元年，楚庄王探问九鼎的“大小轻重”，王孙满驳斥：“周德虽衰，天命未改，鼎之轻重，未可问也。”这就是历史上著名的“问鼎”故事。

按照周礼的规定，天子列九鼎，诸侯七鼎，卿大夫五鼎，士三鼎，死后也应用此数随葬。1956—1957年，在河南陕县上村岭发现了虢国的墓地，有一座是西周末到春秋初的虢太子墓。墓中有形制相同、大小相次的七个鼎和六个簋等，共二十六件青铜器，这是一套完整的大牢七鼎。按照西周礼制，七鼎应为诸侯国君所享用，诸侯的太子应低于此数，列五鼎。可见，这位虢国太子僭礼了，而虢国国君则无疑僭用了天子的礼数。这反映了天子已无威严。

九鼎象征九州，是国家政权的象征

周天子祭祀用的礼器：九鼎八簋

按照西周礼制，天子每隔几年就要到各地巡狩，以便考察诸侯政绩。之后，天子要重新宣布一次诸侯的爵位。这是王权的重要标志。诸侯要定期到王都朝见天子，叫做述职。一次不到就降他爵位，两次不到就削减封地，三次连续不到就要兴师问罪。但天子巡狩的事，东迁后不再进行，诸侯也不再带着贡赋去朝见天子。相反，倒是天子去聘问诸侯。比如在鲁隐公执政的十一年间，周王派人三次往鲁聘问，而鲁国派人朝见天子的事却无记载。

诸侯受天子之命也是礼制的一项重要内容。诸侯死了，儿子即位，在治丧完毕后，必须穿上低级贵族的服装到王都朝见天子，天子再按爵位赐给他衣冠和圭璧等礼器。东迁后，诸侯新君即位不再朝见天子，而是派人去“请”。周天子也只好派人把册命送去。对那些大国诸侯，周天子为得到其支持，就找机会主动派人把“王命”送去。

平王东迁后的东周，周天子由至尊的权威逐渐变为诸侯利用的工具。强大的诸侯国君开始挟天子以令诸侯。一般诸侯也根本不把天子放在眼里。周王朝失去诸侯定期的朝聘贡纳，财政窘迫。据说，周平王死后，周王室穷得连埋葬费及随葬物品都拿不出来，他的孙子桓王只得到鲁国请求接济。

平王东迁后，周天子成了名义上的“天下宗主”，再也没有力量控制天下。从此，各国诸侯之间，恃强凌弱，以大欺小，我国历史进入了大动乱时期——春秋时期。

关于礼教，服从还是背弃
——鲁隐公执政

鲁国在今山东的西南部，泰山山脉是鲁国与齐国的天然分界线。当年周武王封周公旦在鲁，建都于曲阜。周公留在周天子身边掌管整个周王朝的大事，由长子伯禽当了鲁国的始封君。由于周公功劳卓著，鲁国初封就是头等侯国。武王还赐给鲁国殷民六族以充实周人的力量。但鲁国直到春秋时代却始终未能强盛起来，这不仅是由于它东有强齐，西有郑、宋等国制约，更重要的是由于鲁人死守着周王朝旧制度不知变通，养成了墨守成规的世风。据说伯禽和姜太公受封就国时，齐国的姜太公五个月就整顿就绪回报周公，周公问他为何这么快，太公说：“我简化了君臣礼节，依从当地人的风俗，所以很快就使齐国步入正轨。”可是，伯禽过了三年才回报周公，伯禽的理由是：“我要改变当地人的习俗，教他们如何守三年丧，所以这时才来。”周公长叹一声说，未来的鲁国必定要北面事齐。为政繁，百姓就不会亲近，而为政简易则近民，百姓乐于归附。当初齐、鲁政治上的不同特点和社会习俗，培养了不同的百姓。到春秋时代，管仲治齐有尚法精神，而鲁国则成了儒家的发祥地，产生了孔丘这样的圣人。司马迁比较齐、鲁的文化习俗说：齐俗宽缓阔达而足智，好议论，勇武，大国之风也；而鲁国犹有周公遗风也，俗好儒，备于礼，百姓拘谨，循规蹈矩，生活俭朴，远离犯罪邪恶。

东周初年，鲁国的国君是惠公。鲁惠公夫人孟子无子而卒，继室是声子，生了长子息，后来惠公又娶了宋武公的女儿仲子为正室，生了儿子轨。

关于鲁惠公的婚姻及王位继承，历史上众说纷纭。按照周礼，

《左传》作者左丘明

诸侯的夫人死去后，续娶的妃妾不得为正妻，而鲁惠公则把仲子扶为正室，这有违周礼。有的史书上说仲子本来是为他的庶子息娶的，等鲁惠公见到仲子后，又决定自己续为正室。《左传》虽对此没有明确记载，但有两件事可以作为有力的证明，一是鲁惠公死后，他的长子息当时为摄政王，却不参加鲁惠公的葬礼。息就是后来的鲁隐公，他是位循规蹈矩的人，做出如此越轨行为，一定有理由。二是周天子在诸侯死去后，应及时送去丧仪，但惠公已经死去了很久，周天子才送丧仪，这是极不正常的。接下来的王位继承问题：如果鲁惠公不续娶仲子，鲁隐公是当然的继承人。鲁惠公承认了仲子的正妻地位，公子轨则为嫡子，因此鲁隐公无继承权，只能做摄政王。当时公子轨不过是两三岁，本来一切都由鲁隐公说了算，但他不是一个善于搞阴谋诡计的人，这使他非常难受。由于父亲不遵守周礼而剥夺了他的继承权，这使他难堪，心里不服，而礼教又使他不得不遵从父命，承认公子轨的法定继承人的地位。这种内心的矛盾、痛苦，酿成了他的人生悲剧，也使后来的历史学家对他的评价众说纷纭。因为如果他从内心承认公子轨的地位，历史为他提供了像周公辅佐成王那样的机会；如果他不遵从礼教，他完全可以杀掉年幼的公子轨而不是被公子轨杀掉。这就是春秋初年，在礼教严格的鲁国发生的历史悲剧。

鲁隐公五年（前718年）春，隐公准备到棠地观看渔人捕鱼，臧僖伯劝阻说："如果鸟兽的肉摆不到宗庙的祭器里，它们的皮革、牙齿、骨角、羽毛不能用于制作礼器、武器等，那么国君就不应该射杀它，这是古代的制度。至于山林池泽的出产，制作一般器物的材料，这是下级官吏、有关基层部门该管的事，不是君主该管的事。"鲁隐公说："我是想顺便视察边境啊。"于是他前往棠地，让捕鱼者专门为他捕鱼，以便观看游乐。臧僖伯推说有病没有随同前往。到这年冬十二月二十九日，臧僖伯死了。隐公说："叔父对寡人怨恨，寡人不敢忘记。"于是，按照原等级加一级安葬，摆出一副宽大为怀的样子。

鲁隐公五年九月，隐公祭仲子庙，正式把仲子作为诸侯正夫人，并打算在庙内献演万舞。隐公向众仲询问执羽舞的规格、人数。众仲回答说："天子用八行，诸侯用六行，大夫四行，士二行。"隐公第一次献演六羽乐舞，使用六行舞人。这件事表明，鲁隐公承认仲子的正室地位，也就承认了她的幼子轨王位继承人的地位。这种形式的虚礼之下，包含着实质性的政治内容。鲁隐公不像去棠地观鱼那样敢于突破礼的束缚了。

鲁隐公八年二月，郑庄公请求把周天子祭祀泰山的祊田舍弃而要祭礼周公，并想用泰山旁边的祊田交换鲁国在许地的许田。三月，郑伯派遣宛来致送祊田，表示不再祭礼泰山了。可是，这次郑伯并未如愿，因为这样做意味着废弃了周天子祭封泰山之礼，是对周礼的重大挑战，鲁隐公不敢如此放肆。

鲁隐公十一年冬，羽父请求杀掉公子轨，想以此求得太宰的官职。早在鲁隐公四年秋，当时各诸侯国联合攻打郑国，宋殇公派人请求鲁隐公出兵，隐公推辞了。羽父请求出兵会合，隐公不同意。羽父先是坚决请求出兵，后来见隐公不同意，竟然擅自领兵前去会合。软弱的鲁隐公对此毫无办法。后来羽父同诸侯会合作战，拿下了宋国的郜城和防城，在攻打许国的战斗中，又打了胜仗，更加嚣张，竟厚着脸皮要当太宰。另外，他看到摄政王鲁隐公受到鲁国上下的拥护，在诸侯中也逐渐有了些威望，连郑庄公对鲁隐公也表示尊重，而公子轨这个嫡子的名位本来就不太实在，并且还是个儿童。所以羽父认定隐公一定会同意杀掉公子轨，这样鲁隐公才能由摄政王成为国君。没想到隐公却对他说：“轨太年轻，才由我代为摄政。现在他已经逐渐长大，我将把国君的位子交给他，我已经打算养老了。”羽父未料到隐公真想把已经到手十一二年的君位出让。如果他真的这么做，万一把自己要杀掉公子轨的话告诉新君，那可就什么都完了。他决定先下手为强，便到公子轨那里，诬陷隐公，请求公子轨让他动手杀掉隐公。公子轨表示同意。就这样，羽父派人刺杀了隐公。公子轨即位，为鲁桓公。桓公没有按国君的规格为隐公举行丧礼。

鲁国这个最严守周礼的国家竟出现臣弑君的严重违礼行为。可惜鲁隐公虽偶有越轨行为，但一直注意依礼行事，正当他准备依礼把国君之位移交给所谓的嫡子时，竟为自己招来杀身之祸。西周时代不依礼办事要受到严重惩处，依礼而行则要受到表彰。东周王室衰弱，无力正礼。背礼行为得不到纠正，奸诈邪恶的人却总能得逞。

桓公元年（前771年），郑人又提到用祊田换许田的事，桓公答应了。三月，郑庄公以璧作抵押先把鲁国的许田借过来，为周公祭祀。四月，鲁桓公与郑庄公在越地会盟，达成了用祊田换许田的协议。这是一次大逆不道的交换。郑国把祊田出让，意味着拒绝对周天子巡狩、拜祭泰山担负应尽的义务；鲁国把许田出让，意味着鲁国把这个朝拜天子的朝宿之邑随便给人，也不再对天子负有义务。更严重的是，双方都违背了“天子在上，诸侯不得以地相与”的周朝礼法。从此，拼杀、厮搏成了新时代的旋律，谁也无力改变这一局面。

明枪与暗箭
——郑伯克段于鄢

宗法制度有力地巩固了西周的政权，然而进入春秋时代，宗法制的基石一次次地被撼动。传统的宗法思想不再束缚人们的头脑，争夺君位的斗争频繁地发生。

与鲁隐公相比，郑庄公在争夺君位的斗争中，显得格外老辣。

郑庄公

郑武公的妻子武姜生了郑庄公和共叔段。庄公出生时脚先头后，让武姜备受折磨，因此被取名为寤生。武姜非常讨厌他。武姜喜欢共叔段，要立他为太子，武公没答应。庄公即位后，武姜请求把制邑作为共叔段的封邑。制是有名的虎牢关。郑庄公对母亲说："制地势险要，虢叔死在那里。要是其他地方，我会唯命是从。"郑庄公看出了武姜的用心，坚决回绝。武姜又要求把京邑封给共叔段，庄公无法再推托，只好同意。于是共叔段住到那里，被称为京城太叔。

共叔段到了京城后，把城墙扩建了，这违背有关的规定。郑国大夫祭仲对郑庄公说："都邑城垣的围墙超过三百丈就是国家的祸害。现在京城不合规定，违反了先王的制度，您将失去控制。”郑庄公回答说：“姜氏要这样，又怎么能避免祸害呢？”祭仲说：“姜氏怎么会满足！不如早点给她安排个地方，不要让她的欲望滋长蔓延。蔓延的野草尚且不能锄掉，何况是您尊贵的兄弟呢？”庄公说：“多行不义，一定摔跟头。”

不久太叔命令西部和北部边境地区，同时听从他自己的命令，事实上是把这些地盘都抢了过去。郑国大夫公子吕对庄公说：“国家不能忍受这种两面听命的情况发生。君王要把君位让给太叔，下臣就去辅佐他；如果不给他，就请除掉他。”庄公说：“用不着，他会自取其祸。”

共叔段得寸进尺，收取两属的地方作为自己的封邑，这样，他的地盘从郑国西部和北部向东北扩展到与卫国接界处。事实上郑国已经是二君并立的局势。公子吕又对庄公说：“可以除掉他了，如果让他继续扩大实力，他将得到众多的百姓。”庄公说：“没有正义就不能团结众人，势力雄厚，反而会分崩离析。”

共叔段羽翼一旦丰满就行动起来，他积聚粮食，修理武器，充实士兵。他做好了袭击都城的准备，姜氏则在城里为内应，只等他率兵前来偷袭，就为他打开城门。而这一切都逃不过庄公的眼睛。听说共叔段与姜氏约定的日期后，他就命大将子封率二百乘兵车提前进攻京城。京城里的人也都反对共叔段，起来做内应。共叔段大败，逃到鄢地，庄公乘胜追击，逼得共叔段又逃到共邑（今河南辉县境）。

《春秋》上记载这件事时说：“郑伯克段于鄢。”兄弟相争，不像兄弟，所以未点明他们是兄弟，而像是两个国君争斗，因此用“克”字。把郑庄公称为“郑伯”，含有讥讽之意，讽刺他对弟弟有失教诲。庄公放纵了共叔段与姜氏的贪心，选择适当的时

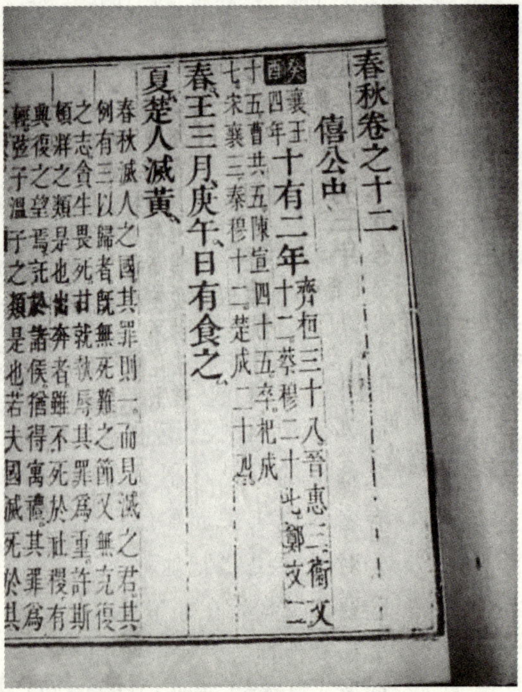
春秋卷之十二
僖公
十有二年
春王三月庚午日有食之
夏楚人滅黃

自西周起，太史便记载国家大事。古人重视春季和秋季，因此把国史记载叫做《春秋》，这可能是“春秋”作为史书名的来由。

机狠狠打击。

庄公安置了姜氏，并发誓说："不到黄泉，不要相见。"不久又后悔了。当时有个叫颍考叔的人，听到这件事后，就找机会献给庄公一些礼物。庄公赏赐他吃饭。颍考叔把肉放在一边不吃，说："小人有母亲，我吃过的东西，都要先请她尝。我母亲还没有尝过您的肉汤，请允许我给她带回去一些。"庄公说："你有母亲可送就送吧。咳！可我却偏偏没有母亲！"颍考叔说："我冒昧地问一句，您这是什么意思？"庄公向他说明了原因，告诉他自己后悔的心情。颍考叔回答说："您对这件事还忧虑什么呢？如果深掘地下，直到黄泉，在凿成的隧道里你们母子相见，又有谁会说不能这样呢？"

郑庄公听从了颍考叔的意见。郑庄公走进隧道，见到母亲，便赋诗："即使在这大隧道里，我的心情却快乐无比。"姜氏走出隧道才赋诗："走出隧道外，心情多愉快！"母子和好如初。

《左传》的作者，对此非常赞赏，说颍考叔是位孝子，并把这种爱推广到庄公身上。《左传》还引用《诗经》上的两句诗："孝敬的儿女不停地尽孝，永远给你们同类人以良好的影响。"这大概说是颍考叔的纯孝行为吧。可是，为什么要等到打败共叔段才表现孝道呢？到了春秋阶段，所谓礼、孝、仁、义都已经没有多少实质性内容，它们或是一种点缀，起到掩饰狰狞面目的作用；或是一种工具，使自己在争夺中处于有利的地位；或是一种枷锁，用来锁住别人的头脑和手脚。

郑庄公的胜利，使郑国的权势争夺告一段落，但这改变不了那个时代的特征，宗法制被破坏后，权力争夺愈演愈烈。就在郑庄公死后，他的八个儿子中有四个参加君位争夺，结果有三个丧命，强大的郑国也在这种内部矛盾中，在你死我活的争夺中消耗得越来越弱。

最后，我们再来分析一下"郑伯克段于鄢"的故事：人们常常责备郑庄公的狡诈与狠毒，说他一手导演了共叔段以及母子之间的悲剧。但历史发展到了这个时代，给郑庄公提供另外选择的可能性太小了。他必须灭掉共叔段，否则就可能被共叔段灭掉。正是这种你死我活的利害关系，常常使争夺者与被争夺者不择手段。

西周的宗法制，以血缘的亲疏为准则，确定贵族间的政治地位和财产的分配，曾长时间地巩固了西周的统治。到了春秋时代，新的历史发展的推动力，使宗法制的部分作用完结。然而，要摧毁宗法制毕竟需要许多人流血。春秋的历史刚一揭幕，这股血腥味就迎面扑来。

政治婚姻酿一杯乱伦苦酒

——鲁文姜之乱

齐僖公有两个女儿，长女叫宣姜，次女叫文姜。宣姜当初要嫁给卫宣公的太子，可是由于她太漂亮了，卫宣公见了之后，便据为己有。文姜比姐姐更漂亮，而且挺有才气，谈古论今，精通文墨。文姜有个哥哥叫诸儿，也是个美男子。他们的父亲都是齐僖公，却并非同母所生。兄妹俩很要好。公元前709年，鲁国请齐僖公把文姜嫁给鲁桓公。在这之前，齐僖公曾想把文姜嫁给郑国的公子忽，可公子忽竟然拒绝了这门亲事，正在气头上的齐僖公也就答应了这门亲事，订在这年九月娶亲。这意味着鲁国与齐修先君之好。

到了成婚的日子，鲁国派公子翚前来迎接，可是齐僖公竟然亲自把文姜送到灌地。这违犯了周礼，说明齐僖公对文姜太溺爱了，自己也不顾礼法。按照周礼，凡本国的公室女子出嫁到同等级的国家，如果是国君的姐妹，就由上卿护送她，以表示对前代国君的尊敬；如果是国君的女儿，就由下卿护送她。出嫁到大国，即使是国君的女儿，也由上卿护送

文姜

她。嫁给天子，就由各位大臣去护送，国君不亲自护送。出嫁到小国，就由上大夫护送。到了这年冬天，齐僖公又派仲年前来鲁国聘问，这是专为文姜而来。

三年之后，也就是桓公在位六年的九月，文姜生了儿子，取名叫同。同出生后鲁国便为他行太子之礼。鲁桓公说："这孩子出生的日子，和我的生日在同一天，就管他叫同吧。"

然而文姜这位才貌双全的女子，在齐僖公的溺爱中长大，对这场政治婚姻并不满意。且不说她的哥哥诸儿那样的美男子的吸引力，她在鲁桓公身上似乎找不到。更让她伤心的是，她与郑国的公子忽的婚事，竟两次被拒绝。公子忽却又的确是她爱慕的英雄，根本不是鲁桓公所能比的。这些都不由得让她伤感而不平。

她曾为公子忽大病一场。

当初，北方的游牧民族来到齐国抢掠，齐僖公派人到郑国求援。郑国的太子忽率领军队前来救援齐国。这个年轻勇武的太子把戎人的军队打得大败，俘虏了他们的两位主帅大良、小良。这一仗给当时的人们以极大的震动。太子忽自然也就成了当时传奇般的人物。齐僖公对太子忽更是称赞不已，正是由于太子忽的果敢行动，挽救了齐国，沉重地打击了前来骚扰的戎人。于是，齐僖公便决定把文姜嫁给太子忽。这本来应该是一段美满的婚姻，太子忽英武无比，是战场上的英雄，文姜很漂亮，又是个博通经史、出口成章的才女。但如此相配的一对却难成眷属。太子忽谢绝了齐僖公的好意。别人问他为什么拒绝，太子忽说："人人都有合适的配偶，齐国是强大的，但我不是看齐国强大就和它联姻的那种人，文姜不是我的配偶。《诗经》上说：'求于自己，多受福德。'所以，靠我自己就是了。要和大国联姻做什么？"当时像太子忽这样勇于自立，不依附于大国，又不向强大的敌人低头并敢于战胜他们的诸侯很少，因而受到普遍的赞誉。君子说："太子忽这是真正善于为自己打算。"这样的人格，既然能赢得普遍的称誉，也一定会使许多女子倾心。文姜也为太子忽心动，她想嫁的就是这样的人，既能在战场上叱咤风云，又能自强自立，可是，她眼巴巴地失去了这样的如意郎君。齐僖公也确实看中了太子忽。当打败了戎人之后，齐僖公又一次当面提出要把另一个女儿嫁给太子忽。其实仍是在打探太子忽的意思，希望挽救这段婚姻。要不是文姜的强烈请求，作为大国君主大概很难这么做。太子忽再一次辞谢。别人还是觉得不可思议，问他为什么两次把绝色女子拒之千里之外呢？太子忽说："我为齐国并没有做什么事情，再说还不敢娶妻。只是受国君之命奔赴齐国解救它的危急，反而借机娶了妻子回国，这是利用战争来成婚，百姓将会对我有什么议论呢？”就这样，文姜再一次无可奈何地失去了这位如意郎君。

文姜下嫁的鲁桓公，从各方面来看，条件都是无法和太子忽相比的。

与太子忽那种光明正大、堂堂正正的人格相反，鲁国当时在公子翚这位凭借奸诈的诡计，双手沾满无辜者鲜血的佞人的操纵下，常常玩弄奸计。就在齐国危急，诸侯国的兵马在齐国边境防守戎人的时候，齐僖公要馈送食物给大家。齐僖公让鲁国来确定各国军队的先后次序。鲁国便把威震敌胆的太子忽率领的郑国放在最后一个。这使太子忽非常生气，一个堂堂正正的人，很难忍受鲁国的奸诈与势利眼。

文姜与鲁桓公的这场婚姻是被公子翚操纵的，纯粹是场政治婚姻。公子翚看准文姜被公子忽拒绝后失意与苦恼的时机，促成了这段政治联姻。鲁桓公在国内依附权臣公子翚，在国外又依附于强大的齐国，还自得其乐。这使文姜难以忍受。后来人们说，公子翚这位佞人作为桓公和文姜婚姻的牵线人，本身就不吉利。十五年之后，鲁国终于发生了祸乱。

鲁桓公十八年的春天，鲁桓公准备外出，他要和文姜一起到齐国去。申繻就劝阻说：“女人有丈夫，男人有妻子，不可以互相轻慢，这就叫有礼。违反这一点必然坏事。”从申繻的谏言看，似乎已经感觉到鲁桓公与文姜婚姻的危机。另一方面，当时文姜的父母双亡，已经没有归家的义务，诸儿已经继承了王位，为齐襄公。文姜夫妇再去齐国，就是以妹宁兄，不符合周礼。显然申繻之所以如此进谏，是有他的道理的。但是鲁桓公已经答应了文姜，他自己大概也想外出去散散心。

鲁桓公和文姜到了齐国，先在泺地会见齐襄公。兄妹相见，气氛自然热烈，文姜见到了已是齐襄公的诸儿，诸儿更加漂亮、英武。他身上的光亮一下子使文姜从阴影中摆脱出来。一直未娶正室的齐襄公见到文姜，觉得她不仅异常美丽，而且谈吐不俗，顿时使自己身边的女人黯然失色。

在泺地相见之时，文姜和齐襄公兄妹二人单独相处。兄妹本来就亲密无间，有了适当的机会竟然越轨通奸。鲁桓公发现后，把怒气全部发泄到文姜身上，狠狠地责骂她。本来一直在政治婚姻阴影下生活的文姜，无处诉说心中的痛苦，于是把这些原原本本地告诉了齐襄公。

四月初十，齐襄公设宴招待鲁桓公夫妇，为他们饯行。心中充满怨恨，而又习惯于依附的鲁桓公，对大国君主齐襄公并没有多少办法。宴会之后，齐襄公让公子彭生帮助鲁桓公登车。可在路上，鲁桓公竟死在车中。这位杀死庶兄鲁隐公登上君位的君主，就这样结束了一生。好像上天假借齐国人的手，为鲁隐公报了仇。

鲁桓公死后，鲁国并没有人敢于公开为他报仇，只是派人对齐国说："寡君畏怯君王的威严，不敢安居，来到贵国重修旧好。礼仪完成后，却没有回国，又没有地方追究罪责，在诸侯中造成了恶劣的影响。请让彭生来消除这种影响。"对这种卑微的请求，齐襄公很容易做到，于是，杀了彭生了事。

鲁桓公死后，儿子即位，为鲁庄公。鲁庄公即位这件事，连鲁国的史书《春秋》都没有记载。大概是由于文姜外出没有回国。另外，他对父亲的死竟没有什么强烈的抗议行为。史官大概对此不满。

第二年，文姜回到了鲁国，鲁庄公为此和她断绝了母子关系。秋天，鲁国在城外建造了文姜的行馆，因为此时文姜已不被视为是鲁国的君夫人了。

文姜不仅失去了丈夫，而且失去了儿子，失去了所有一切名分、地位，甚至失去了立足之地，这对一个弱女子来说，似乎付出的代价太惨重了。可是不久，即鲁庄公二年，文姜与齐襄公在禚地相会，继续通奸。

鲁庄公六年，齐国把卫国的宝器归还给鲁国。齐国这么做，是应文姜的请求。说明文姜仍然抛头露面。

鲁庄公七年，文姜和齐襄公在防地继续相会，这次是出于齐襄公的意愿。

而鲁国似乎仍不敢得罪齐国。鲁庄公八年，鲁国军队和齐国军队包围了郕国。郕国向齐军表示投降。仲庆父向鲁庄公请求攻打齐国。庄公说："不行。我实在缺乏德行，齐军有什么罪？罪是由我而来的。我们还是致力于修养德行，以等待时机吧！"鲁国军队没有攻打齐国，而是回国了。《左传》上说，当时，君子因此而赞美鲁庄公。可是后人却指责鲁庄公忘记父仇，没有什么德行可言。

尽管鲁庄公没有为报父仇与齐襄公刀兵相见，这一年还是有人杀了齐襄公，也算是为鲁庄公报了杀父之仇吧。齐襄公被杀十一年后，文姜离开鲁国到莒国去了。

挚友似烛，智慧如焰
——管仲相齐

管仲，名夷吾，祖籍颍上（今安徽颍上）。他有一个很要好的朋友，叫鲍叔牙。鲍叔牙知道管仲才能非凡，将来必成就大业。当时，管仲的家境贫困，与鲍叔牙一同从事商业活动，得到鲍叔牙的很大帮助。后来，他们来到齐都临淄城。

当时，齐国的襄公是一个荒淫残暴的国君，齐国的政治岌岌可危。

管仲

齐襄公有两个同父异母的弟弟，公子纠和公子小白。早年，鲍叔牙辅佐小白，管仲和召忽辅佐纠。齐襄公即位后，内乱将起，鲍叔牙拥戴小白逃难到莒国，管仲和召忽拥戴纠逃到鲁国。

齐襄公十二年（前686年），连称、管至父发动叛乱，杀死襄公，奉公孙无知为齐国国君。第二年春天，公孙无知又被杀死。一时间，齐国没有了国君。当时，齐国的国卿是国氏和高氏两家世袭贵族，他们暗中派人到莒国召小白回国为君。鲁国也急忙派军队拥卫着公子纠回国，企图抢夺君位。纠派管仲带领一支人马快速赶往从莒国通往齐国的必经之路，企图拦截并杀死小白。管仲受命迅速赶到目的地，待小白的队伍行至跟前，管仲瞄准小白的心胸拉弓射箭，小白应声倒在马上。管仲以为小白已被射死，便派人将情况报告了纠。纠得到消息后，便不慌不忙地带着人马向齐国进发。走了六天才靠近齐都临淄。他哪里料到，管仲一箭正巧射在小白腰带的金属挂钩上，小白佯装被射中逃走，然后迅速赶到临淄。国卿高傒立即拥立公子小白为齐国国君，这就是齐桓公。纠眼见小白夺走君位，无奈带着人马又返回鲁国。

齐桓公即位后，准备任命鲍叔牙为宰（执政大臣）。鲍叔牙辞谢说："臣是平庸之辈，陛下能使我不受饥饿冻馁，就是对我的最大恩赐了。如果要治理国家，管仲比我更适合。管仲有五个方面的才能：第一，能施惠于民；第二，懂得治理国家的策略；第三，能取信于民；第四，能因地制宜制定国政；第五，能率军作战。这五个方面我都远不如管仲。"齐桓公怒气冲冲地说："这个管仲一箭射在我的带钩上，差点要了我的命，我怎能用他！"鲍叔牙解释说："人各为其主，作为公子纠的臣下，管仲当然要为纠尽力，这叫一心不二。陛下若能宽恕他的罪过，把他迎回国来，他定会一心一意地为陛下卖力尽职。"桓公平息了一口气，问："那你说该怎么办呢？"鲍叔为齐桓公献了一计。

鲍叔牙率军来到鲁国，见到鲁庄公后说："纠是齐桓公的弟兄，桓公不忍亲自杀他，请你们鲁国杀掉。管仲和召忽是桓公的仇人，请你们把他俩交出，我们国君要亲自杀管仲以解心头之恨。"无奈，鲁人杀死了公子纠。召忽是忠义之士，见主人已死，便自杀殉国。鲁人将管仲捆绑起来交给鲍叔牙。鲍叔牙得到管仲后，马上告辞回齐国，刚刚到齐国边境的堂阜（今山东蒙阴西北）就给管仲松了绑，马不停蹄地赶往齐都临淄。

齐桓公求贤心切，得知管仲即将归来，十分高兴，沐浴薰衣，亲自到郊外迎接。入宫之后，齐桓公和夫人三次举杯为管仲接风洗尘。然而，管仲看到桓公如此这般地修饰仪表，不谈国事，很不高兴，转身走出宴会厅。桓公很生气，鲍叔牙赶紧去追赶管仲说："桓公生你的气了！"管仲又返回宫中。他先是站在大厅门口，桓公没有理睬他；管仲又走到中厅，桓公还是不理睬；最后走到桓公跟前，桓公才问道："寡人为迎接你，从几天前就开始准备，自以为这样做就可以消除你的误会。你今天不辞而出，为什么？"管仲回答："臣听说，沉湎于娱乐当中会忘记国家的忧患，贪图吃喝享乐会怠慢自己的行为，不勤于上朝会使国家政治荒废，政治荒怠会使国家灭亡！我是因此才不辞而别的。"桓公听后急忙起身说："你如今年长，寡人也有些力衰，所以才想到稍事安息一下。"管仲答道："臣听说，年壮的人应该勤奋，年老的人不应该苟且偷安。

夏、商、西周的衰落都不是一朝一夕造成的，陛下怎能这样想呢?”最后，齐桓公以朝廷上的君臣之礼将管仲送出。

《说苑》中叙述了这样一个故事，说桓公得管仲后，称之为“仲父”（伯父)，然后召集文武百官说：“赞同我的决定的人站在右边，不赞同的人站在左边!”然而有一个大臣却站在宫廷中间。桓公诧异。那人回答：“管夷吾的智谋可以得天下，军事才能可以打天下，然而您真的放心依靠他吗?”桓公转身对管仲说：“我把国家大权交给你了，政治不好的方面都由你来纠正。”从这个故事可以看出，桓公任用管仲是信而不疑的。

今山东临淄管仲纪念馆

齐桓公与管仲商议选拔人才，管仲推荐说：“审查案件，断民狱讼，调解民事纠纷，我不如纮商，可以任命他为大理（司法官)；外交方面，礼待宾客，我不如隰朋，可以任用他为大行（外交官)；垦荒务农，发展生产，我不如宁戚，可以任命他为大田（经济官)；训练军队，使国家武备强盛，我不如公子成父，可以任命他为大司马（军事统帅)；敢于直言，指出君主过失，我不如东郭牙，可以任命他为谏官。有这五个人齐心协力地辅助君主治国，齐国定会富强。”桓公听从了管仲的建议。

一次，齐桓公与管仲、鲍叔牙、宁戚一同饮酒，酒过三巡，桓公有些醉意，对鲍叔牙说：“你怎么不给我祝酒呢!”鲍叔牙起身举杯祝酒说：“祝君主别忘记身在莒国流亡的时候，祝管仲别忘记在鲁国被捆绑的情形，祝宁戚别忘记当初是怎样喂牛赶车的!”桓公大悟，感叹说：“寡人与贤臣都能记住这番话，齐国何愁不强!”

管仲为相以后，主要从如下几方面对齐国进行了改革。

第一，总结经验教训。

齐桓公认识到，齐襄公时期政治腐败严重地影响了齐国的强盛，长此以往将有可能使国家倾覆。他说："我们的先君襄公狩猎无度，四处游玩，不理朝政，冷遇有能之士，一味追寻美女。在这种政治局面下，国家惶惶不可终日，应该怎样扭转这种形势呢?"管仲答道："从前先王治理天下，使人们老有所养，老有所葬；同时，对人们的赏罚十分慎重。"

要对国家实施改革，首先要安抚人民，得人心，才能得到人民的拥护。桓公在即位之初就想对外争霸，说："我想称霸诸侯，怎么样?"管仲劝阻道："不可，国内还没安定。"桓公采纳了管仲的主张，在国内博施广济，人民生活有了改善，社会迅速安定下来。

第二，改革内政。

在总结历史成功经验的基础上，齐国开始实行内政改革。齐桓公问管仲："应该怎样安排人民的生产和生活?"管仲回答："从前圣王治理天下，使士兵专门练兵作战，工匠在官府中工作，商人在市场经营，农夫在农田中劳作。"

内政改革的另一项重要内容是制定地方行政区划。当时的齐国，旧的宗族组织已开始瓦解，社会上出现混居杂处的现象，如何对人民实施有效的组织管理是齐国面临的一项迫切任务。齐桓公问管仲："怎样使人们定居下来加以管理?"管仲回答："把首都划分为二十一个乡。"桓公随后付诸实施。这样一来，齐都内便建立起三套并行的行政区划体系，每个系统中包含五个士乡，一个工匠之乡，一个商人之乡，与此相对应，设置宰（主要行政官员）、族（管理工匠）、乡（管理商人）官各一人，此外，还有虞（管理川泽）和衡（管理山林）。

齐国同时还实施了相应的官吏考核任免制度。制度规定，每年的年初，无论是国都内还是农村地区的官吏都要接受国君的审查。国君考问都内的乡长："在你们乡里，有没有勤奋好学、孝敬父母，受到乡里赞誉的人，如果有这样的人必须汇报，不汇报以压抑人才罪论处!"于是被考问的乡长向国君述职，完毕后退下朝去。国君也要追查那些在地方上败坏政治的人："在你们乡里，有没有不孝敬父母、骄奢淫逸，不服从政令、败坏风纪的人，有的话必须汇报，隐匿不报，以同党之罪追究责任!"

据文献记载，齐桓公还规定官员每年作一次书面工作汇报，称为"书伐"。桓公根据书面报告的内容，对有政绩的官员，将他们召上朝廷，考核其解决问题的能力。有时，齐桓公设定题目，让官员想出解决的办法，对那些才思敏捷者，进一步考察其品行，德才兼备者，授以高官重任，这叫"三选"，即层层选拔的意思。

第三，改革经济制度。

在齐襄公的时候，齐国的经济陷入严重危机之中，当时齐国民间流行的诗歌中这样唱道：

无人耕种那甫田，
甫田之中长野草；
无人思念远方人，
免得使人心如煎。

在这种情形下，管仲依据人们耕种田亩数量的多少，以及土壤质量的好坏，确定适当的征税额。好田多征，次田少征；好年成多征，坏年成少征或不征税。

齐国还在国都内专门开辟出商业市场，让人们交换产品，并指派官员管理，抽取商税。

第四，军事改革。

在春秋以前，各国普遍实行亦农亦兵的兵民合一制度。人们平时从事农业生产，一旦发生战事，临时征集人民组成军队。战争结束，人们解甲归田。因此，当时并没有常备军，国家也用不着养兵。

今山东临淄管仲墓

齐桓公对管仲说："我要称霸诸侯怎么办？"管仲直截了当地指出："要把国都内的士乡组建成军事组织。"具体做法是：五家组成轨，设轨长；十轨（五十家）组成里，设里有司；四里（二百家）组成连，设连长；十连（二千家）组成乡，设良人；五乡（一万家）组成军，设军帅。作战的时候，轨长等人各率本部人士。齐国共三军，设三帅，由齐国的国君以及国氏和高氏分别担任。国君的军置于中间，称中军，是主力军；国君也是元帅，指挥三军。

齐国建立常备军后，随之而来的是解决军费开支的问题。管仲从两条途径解决问题。第一条途径，也是最基本的办法，是向国民征收军赋，向农民征粮解决粮食的来源，向手工业者征收工业产品。第二条途径，是采取以兵械赎罪的政策。对于那些犯罪的人，允许他们缴纳兵器赎罪。这一政策实施后，补充了齐国兵器的不足。

第五，尊王攘夷的称霸策略。

同后来的诸侯称雄争霸相比，齐国的桓公争霸具有明显的早期特点，即表面上打着拥卫周天子，维护旧秩序的旗帜，实际上是诸侯称霸，打破旧秩序。

首先，齐国积极改善同邻国的关系。先后给鲁国棠、潜两个地方，给卫国台、原等四邑，给燕国柴夫、吠狗二邑。此举赢得了人心，齐国国际威望大增。当时，齐国有战车八百辆。

有了良好的睦邻环境后，齐国便开始尊王伐暴的活动。齐国没费吹灰之力就征服了齐国东南方的莱、莒、徐夷、吴、越等三十多个小国；同时，大规模远征南方楚国，渡过汝水，逼近方城（楚都），使楚国向周天子纳贡称臣；向北讨伐山戎、令支、孤竹（今辽东一带）等国，使东部沿海地区的小国无不服从听命；西方，远征白狄地区，进抵黄河以西一带，使常山一带的诸侯国纷纷归服。

齐桓公在葵丘大会诸侯各国，周襄王派宰孔给齐桓公送来祭肉，赐予齐桓公金色战车、饰有九旒的龙旗等。诸侯们纷纷前来祝贺。

齐桓公在春秋时期能成为第一个称霸的诸侯，应归功于管仲。管仲的一系列改革奠定了齐国富强的基础，而齐在对外政策中又打着尊王的旗帜，使得齐桓公征服诸侯更加名正言顺。孔子曾赞誉管仲："管仲辅佐齐桓公称霸诸侯，匡正天下的礼法秩序，使我们到今天仍能得到益处。如果没有管仲，恐怕我们早就被戎狄征服了！"

回顾自己一生的坎坷经历和功名成就，管仲感慨万端。他说："当初我贫穷的时候，与鲍叔合伙做生意，我曾多分给自己财物，鲍叔从来未责怪我，知道我是因贫穷才那样做的；我曾经帮助鲍叔谋策，结果使鲍叔陷入困境，鲍叔也不说我愚蠢，知道外界环境变化多端，难以预料；我也多次为主人们供职，屡次被弃逐不用，鲍叔并不认为那是我无能，知道人有怀才不遇的时候；我也曾作战败逃，鲍叔也不认为我怯阵，知道我家中有八十老母靠我供养；公子纠失败，召忽就义不辞，我却受囚笼之辱返回齐国，鲍叔也没说我不仁不义，知道我不拘小节而胸怀大志。生我者父母，知我者鲍叔呀！"

第一霸主兴衰备忘录

——齐桓公称霸

齐桓公

春秋早期的齐国，由于地处山东半岛西北部，以捕鱼、晒盐、冶铁为主的工商业较为发达，旧制度首先在这里陷入危机。齐桓公任用管仲为相后，不失时机地进行了一系列改革，使齐国逐渐强盛起来，为桓公称霸诸侯奠定了良好的物质基础。与此同时，齐桓公开始对外扩张，并最终成为中国历史上的第一位霸主。

齐桓公二年（前684年），为报复鲁庄公用武力支持公子纠与齐桓公争夺君位，齐国派军队攻击鲁国。鲁庄公准备迎战。当时，鲁国有个叫曹刿的人请求与鲁庄公一同参加与齐国的交战。

曹刿与鲁庄公同乘一辆战车，率军浩浩荡荡出发了。大军行到长勺（今山东曲阜北）与齐国的军队遭遇，两军对峙摆开战阵。鲁庄公准备下令击战鼓冲锋，曹刿阻止说："不行。"直到齐军击了三次战鼓，齐军已冲到半途，曹刿才说："我军可以击鼓了！"两军短兵相交，齐军战败而逃。鲁庄公想乘胜追击，曹刿又急忙阻拦，跳下战车仔细查看齐军的车辙，然后又登上战车向前方眺望，最后才说："可以下令追击！"这一战使鲁国大获全胜。战斗结束后，鲁庄公问曹刿用的是什么战术，曹刿解释说："战士作战，依靠的是勇气和力量。第一次击鼓冲锋，战士们勇气高涨，浑身是力量；第二次击鼓，士兵已冲出一段距离，勇气降低；等到第三次敲击战鼓时，士兵已经气力耗尽。在齐军力量竭尽之时，也恰是我军敲响首次战鼓、士气昂扬之时，所以，两军一旦交战，我军便能取胜。同时，齐国是一个大国，兵力多少很难猜测，臣深怕他们伪装败退，设下伏兵，便跳下战车观察他们逃走时的痕迹，结果发现他们的车辙混乱；登高远望，又见齐军旌旗东倒西歪，我判定齐军真正战败，才下令追击。”这就是历史上著名的“曹刿论战”的故事。

齐国还不断吞并与本国接壤的鲁国领土。鲁国均告失败。一年冬天，齐桓公武力威逼鲁庄公在柯（今山东阳谷阿城镇）举行盟会。随鲁庄公一道参加会盟活动的有鲁国大夫曹沫。曹沫勇猛过人，怀藏匕首跟随鲁庄公。正当齐桓公与鲁庄公在盟坛上歃血为誓的时刻，曹沫一个箭步冲上前去，掏出利刃对准桓公，怒喝道：“齐国强大，鲁国弱小，你们屡次欺凌我们。如今我们鲁国城墙毁坏，朝不保夕，齐国又是我们的邻国，陛下该想一想了！”桓公被劫持，不得不答应归还侵夺鲁国的全部土地。曹沫放下匕首，走下盟坛，回到了群臣的行列里，像什么事都没发生一样与别人谈话。

齐桓公蒙受莫大的污辱，怒发冲冠，想要收回刚才的承诺。管仲忙劝告说：“不能因小失大。只图眼前利益和一时痛快，弃信于天下诸侯，会失去人心。既然答应了，就不可反悔。”于是，桓公将侵占的鲁国土地如数归还给鲁国。

齐桓公北击山戎

齐桓公在位时，成就很多功绩。但最重要的四件大事则是：北击山戎、南伐楚国、拥立太子、蔡丘会盟。

齐桓公二十二年，燕国受到山戎的侵扰，派使臣到齐国，请齐桓公发兵解救。于是，齐桓公带着大队人马北上攻伐山戎。

山戎人听说燕国请来援兵，便大肆劫掠而去。管仲说：“山戎不与我军交锋就走，我们更应警惕对方。如果我们就此撤军，山戎必会再来掠夺骚扰。要安定北方，定要击败山戎。”齐桓公便决定继续北进，燕庄公率军随齐军一同远征。燕庄公向齐桓公说："离燕国不远处有个无终国，与燕国关系友好，可以请无终国的人为我们领路。"这样，齐、燕、无终三国联军大规模北上攻伐山戎，山戎人仓皇北逃。联军救回许多被山戎掳去的燕人，并俘虏一批山戎百姓。齐桓公对这些俘虏采取了宽厚政策，问："你们的头子逃到哪里去了？"人们回答："一定逃到孤竹国（今辽宁朝阳境内）去了。"齐桓公决定进一步北伐孤竹，以彻底安定北方。大军继续北进。

联军进至孤竹境内，遇到密卢率领的山戎军队和黄花率领的孤竹军队的联合抵抗，两军激战，山戎和孤竹军队战败而逃。第二天，不料孤竹大将黄花拿着密卢的首级前来投降。他奉上密卢的人头说："我们国君不听我良言相劝，一定要帮助山戎，结果吃了败仗，他要带着人马逃走去找救兵。我不愿与山戎人一道，故杀死密卢，将首级献上。"经辨认，黄花拿来的确是密卢人头。黄花献计说："我愿意带领你们去追杀孤竹国君，以除去我将来的祸患。"联军跟随黄花直入孤竹城，见城内人畜皆空，便认定孤竹国人全都逃走了。齐桓公让燕庄公率燕军驻守孤竹城，自己带着队伍继续追击。

大军继续向前，黄昏时刻来到一个叫"迷谷"的地方，迷失了方向。再寻找孤竹人黄花，已经踪迹皆无，这才知道中了孤竹人的诡计。第二天，齐军仍无法走出迷谷。管仲急中生智，猛然想到老马识途的传说，便说："马也许认得路，我们可以挑几匹无终国的老马，让它们在前面走，我们随后跟着。"果然，队伍随着老马走出迷谷。

走出迷谷之后，部队连续行军，人们干渴难耐。隰朋又献一计说："蚂蚁冬天居于山南侧向阳的地方，夏天居于山北侧阴凉的地方。凡是有蚂蚁的地方，向下掘就可以找到水。"齐军一试，果然灵验。经历了重重困难，齐桓公终于击败了孤竹国，大获全胜，在北方开辟了大片领土。齐桓公对燕庄公说："孤竹平灭，山戎驱逐，燕国可以管理这广阔的领土了。"燕庄公推辞，齐桓公又说："齐国离此千里，鞭长莫及。这里是周天子北方的边防，应为天子守卫疆场，使王土万里。"

齐国军队从燕国撤回，燕庄公亲自送行，不知不觉到了齐国境内的长芦（今河北沧州北），这已出燕国国界五十余里。

齐长城

两国君主分手的时候，齐桓公突然想到西周的礼法，说："诸侯相送不出国境，我怎能违背礼法？齐、燕两国就以此为界，从此以北一律划归燕国。"

齐桓公由此获得了极高的国际威望，各诸侯国纷纷归向齐桓公。就在他威震天下的时候，楚国征服周围的小国，势力强盛起来，试图向中原扩展势力。

齐桓公三十年春，齐桓公率领着齐、宋、鲁等八国联军征伐蔡国。这其实是管仲的主意。声言讨伐蔡国，目的是袭击楚国。蔡国不堪一击，一战即溃，蔡侯连夜跑到楚国。于是，联军转而进攻楚国。刚入楚国边境，楚军已严阵以待。齐桓公很诧异，派管仲去会见楚国大夫屈完。管仲还未开口，屈完就抢先发难了："我们楚成王听说贵国大军前来，特派我前来迎问：齐国地处北方，楚国地处南方，彼此风马牛不相及，如今你们大兵压境，到底是为什么？"管仲振振有词地答道："当初召康公命令我先君姜太公说'五等诸侯和九州伯爵你都可以发兵征讨，以便和周公共同辅佐周王朝'。你们楚国应向天子献贡的苞茅没有送去，致使周天子无法酿酒，我们特地前来索取，此其一；以前周昭王南巡一去而不返，我们齐国请问你们楚国到底是怎么回事，此其二。"据说周昭王曾率领大军南巡征伐，需要造船渡过汉水。楚国地区的造船匠使用诡计，用胶粘船体，然后交给周昭王。周昭王乘船渡河，船至河心胶开解体，大军覆没，周昭王丧身汉水。楚国大夫屈完软中带硬地回答："没有按规定向周天子献纳贡品，这是我们楚国的过错，今后定要按时纳贡。至于说周昭王南巡未归，阁下去问汉水两岸的人好了！"齐桓公没有得到什么口实，仍率各国联军向楚都进发，驻扎在楚国的陉这个地方。

同年夏天，楚成王派屈完为特使，再次来到齐桓公这里，以便观察联军的虚实。不久，联军撤至召陵。齐桓公命令联军各部队摆好阵列，然后让屈完与他同乘一辆战车检阅军队，为的是炫耀武力，恫吓楚人。齐桓公对屈完说："阁下认为我们双方重建邦交如何？"屈完回答："如蒙不弃，我们楚国当然十分欢喜。"齐桓公话锋一转："你看看这么强大的军队，以此陷阵，没有打不败的对手；用来攻城，没有攻不下的城堡！"屈完以牙还牙："陛下如用德政安抚天下，天下各国没有人敢不服从；要倚仗武力威胁别国，楚国宁愿把方城山作为城墙，汉水作为护城河，陛下军队虽多，但丝毫没用！"齐桓公见软硬兼施都无济于事，知道楚国不易征服，便说："大夫文武双全，令人钦佩！我们各国订立盟约，建立友好关系怎么样？"屈完笑着答道："我们求之不得！"随后，屈完代表楚国与中原地区的八个诸侯国订立了盟约。各国罢兵而归。

回军途中鲍叔牙问管仲："楚为四等诸侯，但是他们擅自称王，罪名很大，你不责问，却问他们不纳贡苞茅这样的小事，你是怎么想的？"管仲解释说：

"楚国擅自称王，罪大滔天，如果我以此责问，必然会陷入僵局，那就非得打仗不可了！一场战争，双方损耗都很大。正因为不献纳苞茅事小，楚国容易承认过错，也就容易达成和解了。"鲍叔牙很佩服管仲的谋略。

楚成王派大臣屈完带了苞茅去拜见周惠王，周惠王十分喜悦，对楚国大加赏赐，还把祭肉赏给楚国，对屈完说："好好镇守南疆，莫与中原各国相争。"

齐桓公三十一年秋天，为使周王朝的太子郑获得名正言顺的地位，齐桓公召集宋、鲁、陈等各国诸侯在卫国的首止（今河南睢县东南）开会，并要周惠王派太子郑光临大会。原来，太子郑是王后所生，王后死后，惠王就把他所宠爱的妃子立为王后。因而，周惠王有意废掉太子郑，另立第二位王后的儿子王子带为太子。齐桓公召来管仲商议此事，管仲说："陛下可以对天子说，各诸侯国君要会见周太子郑。一旦开过大会，天下皆知，周惠王想废掉太子就不成了。"周天子无可奈何，只得让太子郑前去与会。齐桓公对太子郑说："你的处境我十分清楚，不必担心，我来帮助你。"于是，齐桓公故意拖延会期，使太子郑与各国诸侯都非常熟悉。

齐桓公三十四年，周惠王去世。齐桓公立刻召集宋、鲁、卫、陈、郑、许、曹各国君主在曹国的洮城（今山东濮县西南）开会，共同拥立太子郑为天子，这就是周襄王。

葵丘会盟台遗址

齐桓公三十五年夏，同盟各国在葵丘（今河南兰考东）续修盟约，齐、鲁、宋、卫、郑、许、曹各国国君都前来参加。周襄王也派宰孔到会，并赐给齐桓公祭肉。齐桓公准备下台阶行跪拜大礼接受赏赐，宰孔忙加阻拦："且慢！天子还有诏令。我临来前天子特意恩准说，您年事已高，加赐一级，免去跪拜之礼。"齐桓公听后洋洋自得，管仲急忙对他低声耳语道："万万不可违背周礼，否则霸业告吹！"齐桓公慌忙奔下台阶，回答说："天子的威严丝毫不得违背，若接受免礼的恩赐，会破坏礼法，我必须下拜！"

同年秋天，齐桓公再次召集同盟各国国君开会。在这次大会上，齐桓公摆出一副霸主模样，发号施令说："凡我同盟各国，续修盟约之后言归于好。各国之间应彼此关照，不准堵塞河流断人水源，不许饥荒年代囤粮不卖，严禁违背宗法废黜太子，严禁立妾为妻，严禁妇人干预国政！"各国国君看到齐桓公的样子很反感。

齐桓公想借诸侯会议之机进一步抬高自己的地位，声称："寡人南征召陵，北伐山戎，西伐大夏，所到之处，没有人敢违背我的意志。我率军南征北战，使天下安然有序。过去夏、商、周三代开国之君承天命为天子，他们的功德超过我了吗？我要登上泰山，举行封禅大典，承受天命！"齐桓公蓄意取代周天子的地位。管仲听了齐桓公的表白大惊失色。最后管仲说："如今，凤凰和麒麟没有来临，田里没生长嘉谷，来临的是乌鸦，田里野草茂盛，怎能封禅！"桓公理屈词穷，才没干出越轨行为。

齐桓公的骄横行为日益不得人心，诸侯人心分离。葵丘会盟后，宰孔在返回的途中遇到赶去会盟的晋献公，宰孔说："齐侯不重道义，一味炫耀武力！晋国内乱未息，您不必急于参加这样的盟会。"晋献公听完这话便绕道回国了。

齐桓公四十三年，七十三岁的桓公得重病，被竖刁、易牙和公子无亏关闭在宫中，病困而死，令人感叹！

齐桓公能成为春秋第一霸主，主要有两方面的原因。从外部环境看，天子地位衰落，当时有秦、晋、楚、齐四个大国。秦地处西部边远地区，对中原事务鞭长莫及；晋国内乱，使献公无力外争；南方楚国蒸蒸日上，虽也想争霸，但主要力量用于征服周围小国；唯有齐国处中原腹心之地，可号令各弱小国家。从国内情况看，齐桓公早年知人善任，起用政治家管仲，一方面适时改革，使国力大增；另一方面策略得当，打着"尊王攘夷"的旗号，使王室认可，诸侯归附。齐桓公晚年，居功自傲，外失诸侯，内失国政。桓公一死，几十年的功业毁于一旦。随之而来的是晋、楚两国厮杀不已的并霸局面。

悲剧国君：仁义怎堪谋天下

——宋襄公图霸

宋襄公是一位以仁义著称的国君。齐桓公死后，他想继承桓公的霸业，争当霸主。但是，他根本不懂得争霸的实质，幻想用仁义实施霸业，结果泓水之战被楚军打得大败，自己也受了伤，回国之后不久便死了。宋襄公图霸遂成为春秋大国争霸中可悲的一幕。

宋襄公的父亲是宋桓公。宋桓公在世的时候，立了公子兹父为太子。后来，宋桓公却又十分喜爱另外一个儿子公子目夷。一次，宋桓公生了病卧床不起，公子兹父非常担忧。他想，父亲有病，怎样能使他高兴呢？于是，心中产生了一个念头，便来到宋桓公床前，说：“请陛下改立目夷做太子吧！他既比我年长，也比我有能力。将来他当国君，我当相辅佐他。”宋桓公问：“你为什么会产生这样的念头？”公子兹父回答：“我的舅舅在卫国，他十分喜爱我。如果我将来即位为君，就没办法到卫国去居留了。不能到卫国去，是违背我母亲心愿的。另外，我的才能确实比不上目夷。”桓公不同意，公子兹父一再坚持，在这种情况下桓公便点头同意了。他派人召来公子目夷，对他谈了此事，目夷推辞道：“我弟弟兹父能以国相让，这是世间最大的仁义之举。我的为人修养实在不如他，而且是庶子，即位以后名不正言不顺。”说完这话后，目夷就躲到了卫国，公子兹父也跟着一起到了卫国。三年之后，有一天宋桓公生病，派人到卫国去召公子兹父回国，说：“你若再不回来，国无太子会使我担忧，病情加重。”听到这话，太子兹父才从卫国回到宋国。不久，公子目夷也回到宋国。

宋桓公三十一年（前 651 年），宋桓公病死。太子兹父即位，这就是宋襄公。襄公即位后，任命目夷担任左师，管理政务。目夷很有行政能力，使宋国的政治局面迅速改观。

宋襄公即位不久，恰逢齐桓公召集各国诸侯在葵丘会盟。齐桓公和管仲当面托付宋襄公，让宋国将来帮助齐国的公子昭即位为君。宋襄公见得到霸主的信任，十分高兴，一口答应下来。

早年，宋襄公的母亲生下襄公后回到卫国，就没有再回宋国。宋国在黄河以南，卫国在黄河以北。自襄公离开卫国后，母亲没能再见到他，思念之情难以排遣。于是，作诗一首以抒情怀：

谁说河面太宽广，
芦苇编筏可渡航。
谁说宋国路遥远，
踮起脚来可相望。

谁说河面太宽广，
一条小船可通航。
谁说宋国路遥远，
疾行只需一早晨。

宋襄公八年（前643年），齐桓公去世，齐国五个公子争夺君位，厮杀不已。内乱中，公子昭逃到宋国，请求宋襄公帮助。宋襄公受了齐桓公的委托，也想趁着这个机会联络诸侯，像齐桓公一样做霸主，就答应了公子昭，准备会合诸侯共立公子昭为齐国的君主。

宋襄公拥立齐孝公登上王位，抬高了自己的声望

宋襄公通知各国诸侯，约定共同护送公子昭回齐国即君位。可是，多数国家没有理睬宋襄公，只有卫、曹、邾三国的人马前来会合。宋襄公带着四国的兵马气势汹汹地到了齐国，齐国的大臣们见来者不善，而且对方是来执行当初桓公遗嘱的，名正言顺，于是杀掉已经立为国君的公子无亏，迎接公子昭即位，是为齐孝公。

齐国是霸主国，齐桓公死后齐国屈服于宋国，使得宋国的国际地位大大提高。宋襄公踌躇满志。宋襄公十年，襄公想再次约合各国诸侯开会。鉴于上次经验教训，怕大国不理睬自己，便先召集曹、邾、滕、鄫四个小国举行会盟。到了开会的日子，曹国和邾国的国君准时到了，滕侯没把宋襄公放在眼里，过了几天才到。鄫国的国君鄫子干脆没有前去参加。宋襄公好像蒙受了奇耻大辱，觉得如果不给不听指挥的诸侯一点颜色看看，自己的威信就树不起来。宋襄公责问滕宣公何故迟到，滕宣公讲不出合适的理由，宋襄公一怒之下把他囚禁起来。鄫子听到这个消息，知道鄫国不是宋国的敌手，便匆匆赶赴会议。宋襄公见到鄫子更是怒发冲冠，喝道："我召集盟会，小小鄫国竟敢不来参加，罪大滔天!"随后命令邾文公把鄫子押到次睢神庙内，用鄫子祭神，用以威慑东方的小国。宋国的左师目夷警告宋襄公说："古代祭祀有专门的制度，六种牲畜不能随便使用，小的事情不能用大的牺牲祭祀，你又怎么敢用人来作牺牲品呢?"宋襄公没有听从目夷的劝告。

杀了鄫子，滕宣公百般求饶，宋襄公此时怒气已消，便下令释放滕宣公。宋襄公的做法引起曹共公的极大愤慨。没等到歃血为盟的日子，曹共公就径自回到曹国。宋襄公本想杀一儆百，震服各小国，岂料曹共公暗中逃走，今后还怎样发号施令？宋襄公又带着宋国军队进攻曹国。左师目夷眼看宋国失去人心，劝宋襄公说："如今陛下的德政在国内尚未昭彰，却发兵攻打别的国家，怎么能行得通？我们应该先检讨自己的品德，等到自己品德完善以后再讨伐别国。"这次进攻曹国，结果不了了之。

宋襄公以武力威胁各小国没有取得什么成果，但称霸之心不死，便决定前去联络楚国。宋襄公把这个想法告诉了大臣，左师目夷坚决反对。他认为，楚是蛮夷之邦，素来不讲信义，约请楚国前来好比引狼入室。宋襄公却不以为然，他以为只要把楚国拉过来，自己马上就可以当上霸主，于是，便派遣使臣前往楚国，带去丰厚的礼品，请楚成王到宋国的鹿上（今山东曹县东北）与齐、宋共同开会，商议会合天下诸侯订立同盟，彼此友好，不再互相攻伐。楚国欣然接受了宋国的要求。宋襄公十二年春天，齐孝公先来到宋国。齐孝公是由宋襄公帮助当上国君的，当然不能忘了他的大恩。没过几天楚成王也到了宋国的鹿上。三位国君排位坐下。宋是公爵，又是主人，坐了第一位；齐是侯爵，坐第二位；楚是子爵，排第三位。宋襄公振振有辞地说："敝国打算会合诸侯，共辅周室，地点在盂（今河南睢县盂亭），时间在七月。大家都不要带军队，你们看如何?”楚成王、齐孝公都表示同意，事情就这样定了下来。左师目夷十分忧心地说：“宋只不过是个小国，却要同大国争地位，这是一种招惹祸端的行为。假使宋国仅仅被楚国打败倒是幸事，弄不好会亡国的!”

这年秋天，宋襄公乘车到盂地去会盟。左师目夷提醒说：“楚是蛮族，向来不讲信义，万一带来武装力量就危险了。还是带些兵马赴会为妥。”宋襄公不在乎地说：“既然约定不带武装，我们怎能失信于诸侯呢?”

宋襄公赶到盂地的时候，楚、郑、陈、蔡、曹、许各国君主都已经到了，只差齐孝公和鲁僖公没到。齐孝公因宋襄公把自己当作臣属一般，心中不悦，不愿意与会；鲁僖公不愿与楚蛮交往，所以没来。在这次盟会上，宋襄公还想与楚成王争地位，楚成王毫不客气地将宋襄公用武力劫持起来。左师目夷慌忙逃回国都。

左师目夷回到宋都睢阳（今河南商丘南），立即同宋国的司马公孙固商议抵御楚军。公孙固认为，楚人劫持襄公为人质，必会以此要挟宋国。为安定国内，根绝楚人的要挟企图，应立即选立新的国君。大臣们一致赞同目夷为君。大敌当前，目夷也不推辞，随后发号施令，派兵固守睢阳。不久，楚国大军攻至城下。楚将斗勃在城外高声叫道：“你们国君已被我们俘虏，如果你们尽快投降，或许还能保住他的性命!”公孙固站在城上高声回答：“我们宋国已经有了新的国君，我们不会投降!”楚成王十分恼火，要杀宋襄公。大夫成得臣劝阻说：“宋国已立新君，杀其旧君犹如一般的俘虏，没有什么意义，倒不如把他放回宋国。这次会盟，齐、鲁两国没有参加。鲁国自称礼义之邦，我们不妨带上礼品请鲁国前来。鲁僖公来后，一定会替宋襄公求情，我们借机顺水推舟。这样，既能落得一份人情，又能把鲁国拉拢过来。”楚成王觉得言之有理，立即照办了。

这年十二月十日，鲁僖公到了宋国的薄（即亳，今河南商丘北），参加各国诸侯的会盟。郑文公便在盟会上提议由楚成王当盟主。其他小国不敢反对，鲁僖公说：“做盟主必须注重道义，眼下盟主劫持了宋襄公，让天下人怎能心服呢?应该先放了宋襄公。”

宋襄公被放出来，公子目夷已派人来迎接他了。襄公回到国都，重新做了国君。回想这次盟会，越想心越烦，满腹怨气一下子全都集中到郑国身上。

宋襄公十三年夏天，襄公发兵讨伐郑国。司马公孙固劝阻说：“郑国虽小，但它依靠楚国。宋、郑交战，楚必派兵干涉，我军敌不住楚军。”宋襄公概不依从。

大军气势汹汹扑向郑国。郑文公慌忙派人向楚国求救。楚成王得悉，率领大队人马径直扑向宋国国都，宋襄公急忙回军阻击。宋、楚两军在泓水两岸隔河对峙。当时，宋军已经摆好军阵，等待出击。楚军正在抢渡泓水，有的已经上岸，有的仍在河中。司马公孙固见有机可乘，对襄公说："楚军兵力强，我军人少，应趁楚军还没完全渡过河的时候发动攻击，可将其一举击溃！"不料宋襄公却说："寡人不能乘人之危！"楚军陆续上岸，但还没摆好阵列，一片混乱，公孙固再次提议发动攻击，宋襄公仍坚持说："那不行！"直到楚军摆好阵列，襄公才下令开战。宋军哪里是楚军的对手，被楚军打得落花流水，狼狈逃窜，宋襄公的腿部也受了伤。

逃回国都后，人们都责难宋襄公。事已至此，襄公仍不知改悔，强辩说："一个有仁德之心的君子，作战时不攻击已经受伤的敌人，同时也不攻打头发已经斑白的老年人。寡人的国家虽然贫弱，也不忍心去攻打没有布好阵的敌人。"公孙固批评说："陛下根本不懂战术，当我军面对强大的楚军，楚军在险要之处无法布阵，这就等于上天在帮助我们。当敌人在半渡时，我军应乘机攻击，或许可以取胜。培养人民的爱国思想，使他们勇于作战，唯一的目的是杀敌卫国。受伤的敌人，为什么不能杀死？假如可怜敌军中的老年人，还不如向他们屈膝投降。三军将士靠勇气作战，战鼓就是用来鼓舞士气的。善于鼓舞士气的话，遇到险阻也可以作战；鼓声大作，士气高昂，攻击没有摆开阵势的敌人，也是可以的。"

大约过了七个月时间，宋襄公腿部的伤急剧感染，屡治不愈，最后一命归天，他图谋称霸的事业就这样悲惨地结束了。宋国从此衰弱下去。后来真正成为中原霸主的是晋文公。

命运如此多舛，正果终于修成
——晋文公称霸

晋文公名重耳，是晋献公的儿子。他年轻时爱好结交贤士，十七岁时身旁即有贤士五人。当晋献公还是太子的时候，重耳已经长大成人，献公即位为君时重耳时年二十一岁。

晋献公二十一年（前656年），骊姬害死太子申生后，又进一步诬陷公子重耳和公子夷吾参与了申生谋害国君的活动。公子重耳听到消息立即逃回蒲邑（今山西隰县西北）。晋献公二十二年，献公派军攻打蒲邑。蒲邑人想迎战，重耳不同意。晋军攻入城内，宦官勃鞮在后面追赶，抓住重耳的衣袖挥刀便砍，将重耳的衣袖斩下一截。重耳随即逃到狄国去了。狄是他母亲的故国，这年重耳已经四十三岁。

晋文公及追随者

到了狄国后，一次狄国攻伐另一支赤狄隗咎如，俘虏了他们的两位公主。狄国国君把赤狄的长女赐给重耳为妻，生下伯鲦和叔刘二子。在狄国住了五年，晋献公逝世。当时，里克派人前去迎接重耳，欲立他为国君。重耳畏惧被杀，不肯回晋国。不久，晋人就迎立重耳的弟弟夷吾为君，这就是晋惠公。惠公即位后，始终畏惧重耳回国争夺君位。第七年，便派人去狄国刺杀重耳。狐偃听到消息后劝重耳投奔齐国。出发前重耳对夫人季隗说："等我二十五年，如果我回不来，你就改嫁好了。"夫人笑着回答："等你二十五年，我坟墓上的柏树都会长大了。虽然如此，我愿意等你回来。"重耳在狄国住了十二年后离开。

重耳一行前往齐国，途经卫国时，卫国正遭受邢国和狄族的侵袭，所以卫文公没有依礼节招待公子重耳。卫国的执政大夫宁庄子提醒卫文公说："晋国的公子重耳是个善良的好人，晋国与我们卫国的先祖又是亲族。晋国的先祖是唐叔，唐叔是武王的儿子；卫国的先祖是康叔，康叔是文王的儿子。周代建立功勋的是武王，上天的使命将落在武王后代的身上。假如姬姓国家不灭绝，能守卫天下的必是周武王的后代。武王的后代在今天唯有晋国昌盛。公子重耳有德行，如果上天让晋国强盛，将来统治晋国的必是重耳。一旦他当了国君，必会称霸诸侯，征伐不礼遇他的国家。那时，卫国就难逃灾祸了。"然而，卫文公不听从。

重耳等人离开卫国都城向东行走，经过五鹿（今河南濮阳南）不远，饥饿难耐，便向一个百姓乞讨饭食。那人将土块放在碗里献给重耳，重耳非常恼怒。随从赵衰解释说："土块象征着获得土地，这是上天的赐予呀！二十年之后，晋国必会得到这里的土地。"重耳转怒为喜，接过土块，继续赶往齐国。

到了齐国之后，齐桓公以厚礼接待他们，并将女儿嫁给重耳，重耳生活得非常舒适。两年后齐桓公去世。重耳在齐国一住就是五年，因为很爱他的夫人，根本就没有离开齐国的意思。赵衰、子犯等人眼见齐国内乱，不能帮助重耳夺回国家，便在野桑树下商议回国计划，没有注意到夫人的侍女正在采桑叶。侍女听到他们的计划，随即将此事告诉了重耳的夫人。夫人劝重耳离开齐国："夫君是一国公子，如不谋求回国，何时才能成功？"重耳不依从。无奈，夫人便同赵衰等人商量，用酒把重耳灌醉，然后把他放在马车上，疾驰出齐国都城。

离开齐国后，重耳开始寻找别的大国作依靠。途经曹国，曹国的国君对重耳很不礼貌。曹国大臣僖负羁提醒曹国国君说："晋国的公子来到我国，地位与我们平等，是否应该以礼相待？"曹国国君不以为然。僖负羁只好自己送饭给重耳，并赠送他玉璧。

重耳没住几天就离开了曹国，前往宋国。虽然宋襄公在泓之战中刚刚受伤，但得知重耳贤能，便以礼相待。只是由于宋是小国，没能力帮助重耳，重耳一行离开了宋国。

经过郑国的时候，郑国的国君郑文公也没把重耳当回事。既没礼遇他们，也没杀害他们。

重耳一行离开郑国后，又取道南下，来到了楚国。楚成王以诸侯的礼节接待重耳，重耳不敢接受。赵衰劝说道："楚国用如此隆重的仪式来迎接你，这是上天有意要授命于你，应该接受。"重耳从未受过这样的招待，显得十分拘谨。酒至酣时，楚成王故意问重耳："如果公子将来回国为君，怎么样报答我的盛情款待？"重耳随口说："羽毛、象牙、玉帛这些宝物都是楚国的特产，晋国远不能比，真不知用什么来报答。"楚成王进一步追问："话虽如此，难道你真的一点也不想报答我的厚待吗？"重耳无可奈何地说："如果一定要我回报的话，万一晋楚两国将来发生武力冲突，我将撤退三天行军的路途。"重耳在楚国住了几个月，正遇到晋国发生内讧。秦国人与太子圉素有怨仇，看到晋侯在国内不得人心，重耳虽流亡国外却人心所向，便派人来到楚国，请重耳到秦国去。楚成王便将重耳护送出了国界。

重耳到了秦国，秦穆公盛情款待重耳。重耳带着赵衰到了秦穆公宫中，秦君招待重耳完全依照接待国君的礼仪，对赵衰像贵宾一般。宴会结束后，秦君觉得重耳及其臣下气象非凡，将来必成大事。

黄河两岸发生了太多悲欢往事

第二天，秦穆公再次宴请重耳，在宴会上，宾主双方用赋诗的方式表白心志。穆公赋了一首《采菽》，说："君子来到我这里，我用什么赐予你？虽没什么赐予你，车轿乘马作礼品。"赵衰听后让重耳立即拜谢，穆公也马上还礼。

赵衰让重耳赋《黍苗》，诗中道："田中细小的黍苗，全靠雨露的恩泽。"赵衰随后说："重耳仰仗陛下，犹如黍苗依赖春雨一样。如果陛下能使黍苗受到泽润，长成丰硕的谷实，献祭到祖庙里，这是无尚的功德。换句话说，陛下若能东渡黄河，率军以复兴公子之业，这正是重耳的愿望。假使重耳有德，当了晋国国君，还能不听从陛下的吗？"秦穆公叹了口气，然后说："能指挥天下诸侯的将是公子重耳，大概不会是我了。"

晋惠公十四年秋天，惠公去世，太子圉即位，不得民心。晋国大臣听说重耳在秦国，都暗中劝说重耳回国，他们在国内接应。重耳决定返回晋国。

同年十二月，秦国军队护送重耳回国。重耳一行走至黄河西岸，子犯将保管的玉璧还交重耳，说："我跟随公子奔走天下，犯了许多错误，我不愿自己将来因罪而死，现在就离开公子吧！"重耳郑重地说："如果我回国后不与贤臣同心同德，就让这东流的黄河把我冲入大海！"说完，把玉璧投入黄河为誓。当时，介子推也随行，看到这场面暗自思忖："公子的大业实受上天之命，子犯还以为是他的贡献，竟然向公子邀功，真是厚颜无耻，这种人难以共事。"后来，他辞官隐居了。

山西绵山，传说介子推携母隐居，被焚于此山

晋文公元年春天，在秦国军队的护卫下，重耳一行渡过黄河，令狐、臼衰、桑泉三邑不战而降，归附了重耳。进入曲沃后，重耳立即到祖庙祭祀，并派人刺杀晋怀公。当时晋怀公已从都城绛出逃，在高梁被人杀死。重耳即位为晋国国君，即晋文公。晋文公四十三岁开始流亡，在外漂泊十九年，此时已经

六十二岁了。

晋文公即位之后，狄国国君把文公在狄国的夫人季隗送回晋国。当初虽约定二十五年为期，时光转瞬已经阔别七载了。

晋文公还对那些追随他流亡的臣下论功行赏。当时，几乎所有的随从都获得了赏赐或官职，唯独介子推不向文公提出要求，而文公也暂时忘却了他。介子推对母亲表白自己的想法说："晋献公有九个儿子，如今只剩下文公一人在世，惠公和怀公也没留下子孙后代。上天既然没有使晋国断绝烟火，就必会降下大命使某个人来为晋国主祭，这位主祭人不就是文公吗？然而，一些臣子却认为文公得国是自己的功劳，这岂不是贪天之功吗？看看现在的朝中，贼臣把自己的罪过当成功绩，君主又大加封赏，上下欺骗，我怎么能跟这些人共事！"介子推的母亲劝他说："你不愿混同于这些人没关系，但你应该跟国君说明白，否则，有谁能理解你？"介子推淡淡地说："我认为那些人沽名钓誉，我效仿他们去摆自己的功劳和清白，岂不同他们一样了吗？"于是母子一同隐居山中。后来，晋文公想起介子推，千方百计找不到，就在一块绢帛上书写封赐介子推的文书，惆怅地说："寡人以此表明自己的疏忽罪过，也是为了表彰一位善良的忠臣。"

自从晋文公回国即位之后，积极治理内政，富国强兵，第二年就想向外扩张争霸。子犯劝阻说："称霸天下决非一朝一夕之功，应该逐步地教育人民，让百姓懂得什么是礼法和信义，使他们肯于服侍陛下，然后霸业才能成功。"恰在这年周王室发生王子带之乱，周襄王从王都出逃到郑国的氾城，襄王派人向秦国和晋国求助。秦穆公火速率军赶到黄河岸边，准备护送天子回京。晋国大夫狐偃着急地对晋文公说："陛下若要称霸诸侯，最好的办法是扶助周天子，这不仅能获得仁义美名，而且能借机驾御诸侯。切莫错过！"晋文公让史官先占卜，得到了大吉之卦，于是决定出兵勤王。他先派人辞退了黄河对岸的秦国军队，然后亲率大军沿黄河而下。三月十九日，晋军抵达阳樊，文公派右师领兵包围温邑，派左师到氾城迎接周襄王。四月初三，周天子在晋军的护卫下重新返回京都。晋军攻破温邑，抓住了王子带，然后处死。

四月初四，晋文公正式朝见周襄王。襄王很感激晋文公，赐盛宴款待他，还赏赐了大量币帛、财物。晋文公借机请求襄王准许自己死后使用天子葬礼的仪式，周襄王拒绝说："仪式是地位的象征，天无二日，国无二君，现在周王朝的正统还没有改变，怎么会有两个天子？寡人并不认为你真的想那样做。"随后，周襄王把阳樊、温原、攒茅等地封赐给晋国，晋国的领土开始扩展到南阳一带。可是阳樊地方的人民并不愿归服晋国，晋文公派军包围阳樊。阳樊人仓葛在城上高声怒吼："德，是为了安抚中国；刑，是为了威服四夷。你们竟然用对待蛮族的手段对待我们，我们才不愿服从！"闻听此言，晋人把阳樊人放出了城，仅仅得到了阳樊的封地。

同年冬天，晋国军队又包围了原邑，晋文公命令军队只带三天的军粮，如果三天内原人不投降，就放弃此城。三天时间过去了，文公下令撤兵。就在此时，谍报人员回来报告说："原人就要投降了！"有人提出先不要撤兵，晋文公对他们说："信义是国家的命根子，没有信誉，国将不存。这次我们虽然可以得到原邑，但却失了信用，今后还怎样取信于民？不能因小失大！"遂令全军撤退。晋军撤离三十里之后，原人见文公是礼义之君，便宣布归服。文公把原邑封君迁到冀地，任命赵衰为原邑大夫。

晋文公四年冬天，楚成王率军进攻宋国，宋国派大夫公孙固到晋国告急求救。为了与楚军展开决战，晋国由原来的二军扩充为三军，然后出发。

晋文公五年春天，晋国军队大举攻曹，向卫国借路，卫国不答应。于是晋国回军，从河南渡过黄河袭击了曹国，然后调过头来攻打卫国。正月初九，晋军占领了卫国的五鹿。

晋文公随后再次发兵攻曹，进入曹国国都。晋人声讨曹国国君的罪状，指责他不任用僖负羁，当年胆敢轻视晋侯，现在是罪有应得！晋文公下令三军：任何人不得骚扰僖负羁的家宅！晋军将领魏犨和颠颉不满地说："国君不报答我们这些厮杀疆场的人，反要报答什么僖负羁，岂有此理！"命人烧了僖负羁的家宅。文公听后大怒，想杀死魏犨，又可惜他的才干。听说魏犨在作战中受伤，就派人送去东西，借机观察病的轻重，如果伤得重不能治好，就下令杀他以申军纪。使者到了魏犨那里，魏犨得知此情，让人把自己的伤口包扎好，见到使者说："托君主的福，我还要杀敌立功！"说着，前后跳跃了几下。晋文公以为魏犨还可利用，就饶恕了他。

此时楚国仍在围攻宋国都城，情况危急，宋国再次派门尹般到晋国求援。晋文公为难地对臣下们说："现在宋国来求援，我们不帮助的话，宋国有可能倒向楚国一边；我们同楚国开战，秦、齐两国又不支持我们，这可如何是好？"先轸献计说："我看不妨这样：让宋国送礼品给秦、齐二国，请求他们救援。让秦、齐二国出面与楚国交涉。我们把得到的曹国和卫国的土地让给宋国。楚国喜欢曹卫二国，必不会答应秦齐二国的请和要求，秦齐二国与楚的关系就会恶化。"文公觉得言之有理，立即依计去做了。

形势变得对楚国越来越不利。楚成王决心撤军，他率军驻扎到申邑，命令子玉从宋国撤兵。他派人对子玉说："晋侯在外漂泊十九年后得到晋国，什么滋味都尝过。老天爷让他大难不死，不是偶然的。兵书上说，适可而止，知难而退，德不可挡。这三个条件正适合晋侯，我们还是不要与他交战。”子玉年轻气盛，没有听从。楚成王十分恼怒，只拨给子玉少量的军队和一百八十辆战车。

子玉派大夫宛春到晋国军中谈判说：“如果你们晋国恢复卫侯的君位，让他回国，同时把曹国的土地归还，我们楚军就解除对宋国的围攻。”子犯听后吼道：“子玉是什么东西！他仅仅解除围宋，就要我们付出复卫封曹两项，这不合算！”先轸却冷静地说：“楚人一句话而使宋、曹、卫三国得安宁，我们不答应，会使三国遭难，我们岂不是无礼了吗？我们一定要答应楚人的请求才是。当然，我们还应讲策略，暗中派人给曹国和卫国恩惠，使他们归附我们晋国；同时扣押楚使宛春，以激怒楚军，使他们孤注一掷。”晋文公拍手称妙，照计而行。不久，曹、卫两国果然与楚国绝交。

子玉的阴谋未能得逞，恼羞成怒，向晋军进攻。晋文公下令撤退。将士们都不解地埋怨说：“作为国君率兵出战，却逃避对方臣下的军队，这是奇耻大辱！”子犯向大家解释说：“出兵作战，正义的一方压倒非正义的一方，有理则气壮。当初陛下流落楚国，曾答应如果两国交兵就退避三舍。当初受人恩惠，现在应该报答，知恩不报，这是亏理。如果我们退避了，楚军以臣犯君，理亏在他方，会挫伤他们的士气，那时他们才真正不堪一击。”将士们想通了，主动地撤退了三天行军的路程。见晋军撤退，楚军的将士们不愿再战，子玉不同意，强令追击。

四月初一，晋、宋、齐、秦与楚、陈、蔡双方军队对峙于城濮（今山东范县临濮城）。楚军背靠着险要的丘陵扎营安寨。晋文公为难地说：“当初楚国给予我很多恩惠，我不忍心交战。”

第二天，晋、楚双方摆好阵列，子玉派将军斗勃请战，对晋文公说：“让楚、晋两国的武士较量一下，我子玉陪陛下一同观看。”文公派大将栾枝回答：“楚国的恩情从未忘记，所以撤退至此，我们以为楚国已经撤兵了。既然你们不肯休兵，那就奉陪到底！”在战争中，楚军全线溃败。

城濮一战，楚军受到前所未有的创伤，向中原扩张的脚步暂时受挫。晋国击败楚国，一举成为中原霸主。

四月二十七日，晋文公在践土（今河南原阳西南）召集各国诸侯前来会盟，并筑造王宫，请周天子前来参加。

五月十日，晋文公把俘虏和战利品献给周天子。十二日，天子设宴款待晋文公。周天子册封晋文公为诸侯领袖，赐给文公高级乘车和战车以及相应的服装仪仗，红色的弓一把、红箭百枝、轩弓十把、黑箭千枝、香酒一卣、勇士三百人，勉励他说：“今后要带领四方诸侯恭敬地服从天子的命令，安抚四方，惩罚邪恶！”接受了册命文书，晋文公率军离开了周都洛邑。

同年冬天，晋文公再次召集鲁、齐、宋、蔡、郑、陈、莒、邾、秦等国君主在温地会盟，商量出兵讨伐不顺服的国家。同时，晋文公派人迎请周天子到会，文公亲自到天子的住所朝见。

晋文公八年，晋国在三军的基础上，又扩建了两个军。这在当时各诸侯国中是绝无仅有的。赵衰被任命为国卿。

晋文公复国图（局部）

晋文公霸业的成功，重要原因之一在于他能任人唯贤，在他周围有一群为国为君忠心耿耿的贤人。最典型的例子是赵衰。赵衰追随晋文公多年，尽忠竭虑，不计私利。晋文公组建新军，征求元帅的人选，赵衰提议说：“郤縠合适。他年近五十，学识渊博，懂得德政仁义。”赵衰还屡次让贤。晋文公感慨地说：“赵衰屡次让贤，难能可贵！他所推举的人选都十分合适，我依从他，也正因此故。”

晋文公九年冬天，文公去世。晋文公六十二岁即位，在位九年，终年七十岁。晋文公是继齐桓公之后的第二位霸主，同齐桓公比较，晋文公更崇尚德政和仁义，更能任人唯贤。齐桓公晚年任人不善，太子不立，结果五子争位，国内大乱；晋文公去世后，襄公即位，国内安定、政治清明、霸业未衰，这同样是晋文公的功绩。

生前身后意苍茫
——秦霸西戎

继晋文公称霸之后，在西方又逐渐崛起一个国家——秦。秦穆公想争霸中原，但遇到了中原大国强有力的阻击，便调头西向，兼并周围的许多小国，使秦跻身于春秋大国之列，奠定了战国争雄，并最终统一中国的基础。

秦是华夏民族的一支，有着悠久的历史。传说，秦的祖先是颛顼帝的后裔。一次，颛顼的孙女织布的时候无意中吞下一只鸟蛋，随后有孕生下大业。大业娶少典族的女华为妻，生下大费。大费是秦人最早的祖先。

大费曾经帮助大禹治理洪水。治服洪水后，舜把姚族之女嫁给大费，大费又帮助舜调驯鸟兽，鸟兽都很驯服，舜赐他姓嬴。

周孝王的时候，秦人的祖先非子替孝王在渭水流域养马，马匹饲养得又肥又壮，孝王很高兴，说："从前大费为舜主持畜牧，牲畜繁衍很好，舜赐姓嬴；现在他的后代为我牧马，我就分封一块土地让他成为附庸封君吧！"于是把秦地赐给非子，让他继续嬴姓的庙祀，号称秦嬴。

西周末年，申侯联合犬戎共同攻周，将周幽王杀死在骊山脚下。庄公的儿子襄公立即率兵救周，派兵护送周平王至东都洛邑。襄公护驾有功，周平王封襄公为诸侯，把岐山以西的土地统统赐给秦国。从此，秦正式成为诸侯国，开始与其他诸侯国互通礼节。

秦宁公时，秦国第一次大规模用武力干涉其他国家，拉开了秦国对外争霸的序幕。

秦德公即位后，国力日益强盛，周边的一些小诸侯开始向秦国朝贡。德公去世后，他的三个儿子宣公、成公、穆公先后为秦的国君。

秦穆公即位后，秦国开始逐鹿于中原，试图同中原国家争夺霸权。秦穆公四年，穆公娶晋献公的女儿为夫人。

为了富国强兵，穆公积极招贤纳士。晋献公灭了虞国之后，俘虏虞国国君和大夫百里奚。晋献公把百里奚送到秦国作为秦穆公夫人的陪嫁小臣，百里奚从秦国逃到楚国的宛，被楚国人捉住。秦穆公听说百里奚有才能，想用重金赎回他，但又怕楚人不给，就派人故意向楚国人说：“有个陪嫁的百里奚从我们秦国逃到楚国，我们想用五张黑羊皮把他赎回，怎么样？”楚人觉得一个陪嫁小臣，只值五张羊皮，没有什么可惜的，便把百里奚交给了秦国。此时的百里奚已经七十多岁，秦穆公亲自迎接他，并向他请教治国方略。百里奚见穆公求贤若渴，便谈了自己的政治见解。据说连续谈了三天，穆公极为赞同，命他管理国家大政，并戏称他为“五羖大夫”，意思是五张黑羊皮换来的大夫。百里奚又向穆公推荐了蹇叔。穆公立即派人带着贵重的礼品去迎请蹇叔，封他为上大夫。

同春秋前期的其他霸主一样，秦穆公也很重视德政。秦穆公十二年，晋国遭受严重旱灾，粮食歉收，人们生活无着落。在这种情形下，晋惠公派人到秦国借粮。穆公问百里奚，百里奚冷静地说：“惠公过去有负于陛下之恩，是他得罪了您，晋国的老百姓有什么错呢？不应该见死不救。”穆公于是借粮给晋国。从秦都雍城到晋都绛城，一路上运粮车队络绎不绝，晋国的人民很是感激。

今河南南阳“百里奚故里”石碑

二年后，秦国遇到自然灾害，粮食歉收，反过来向晋国借粮。晋惠公同大臣们商量，虢射说：“现在秦国有难，正是我们向它发动军事进攻的好时机，一定会马到成功！”晋惠公听后十分高兴，随后发兵攻秦。秦穆公见晋惠公不但不借粮，而且以怨报德，非常愤怒，任命丕豹为大将，亲自率军迎击。

秦穆公十五年九月，秦、晋两军大战于韩原（今陕西韩城西南）。晋惠公远离中军作战，未料走入泥泞地带，战车进退不便。秦穆公率领部队追赶，反被晋国主力军队包围。穆公左右冲杀难出重围，身上也受了伤，形势危急。在此时刻，从前受过穆公之恩的三百多秦军士兵赶来，拼死格斗，救出穆公，而且活捉了晋惠公。这三百名士兵为什么舍生忘死地救秦穆公呢？

原来，在几年前，秦穆公走失了一匹良马，很是痛心。有人发现那匹马被岐山脚下的乡民捉到后杀掉吃了，官吏想严惩他们。秦穆公知道后阻止说："君子是不因为牲畜而伤害人的，不要处罚他们了！我听说吃好马的肉不喝酒对身体有害，给他们些酒喝吧。"结果，这些乡民不但没有受罚，反而喝了穆公赐的酒。听说秦晋两国交兵，他们都摩拳擦掌要求参战。当他们得知穆公被困，便浴血奋战以报穆公的恩德，使秦军转危为胜。

秦穆公俘虏晋惠公回到国内，声称："过几天我将用晋惠公祭祀上帝。"周天子听此消息很不安，派使者赶到秦国对穆公说："晋国是我们周族的同姓诸侯呀！"希望穆公能够宽恕。穆公的夫人是惠公的姐姐，听到这个消息，披着黑色的麻布衣光着脚来见穆公，为惠公求情。秦穆公于是放了晋惠公。惠公十分感激，回国后把晋国黄河以西的土地送给秦国，让太子圉留在秦国做人质。秦穆公也把公主嫁给太子圉。这时秦国的疆域已经东临黄河。

秦穆公二十二年，在秦为人质的晋国太子圉偷偷逃回晋国。第二年，晋惠公就死了，太子圉即位为君。

当时，晋国的公子重耳周游列国来到秦国，秦穆公有意拉拢重耳，就把从前太子圉的妻子、自己的女儿嫁给他。重耳最初不愿接受，但想到自己回国夺权需要秦国的支持，便答应了。秦穆公二十四年，秦国派人联络晋国大臣，欲护送重耳回国为君。由于太子圉在晋国不得人心，大臣们就答应了。不久，重耳回晋国当了国君，他就是晋文公。

秦穆公三十年，郑国背晋联楚，晋文公约秦穆公共同出兵讨伐郑国。晋军驻屯于函陵，秦军驻屯于氾南。郑国在十分危急的情况下，派烛之武潜出城外，见到穆公说："秦晋两国大军围郑，郑国的人都知道国家即将保不住了。如果灭了郑国对秦国有利，也值得去做，但问题是灭了郑国，郑地与秦国距离遥远，根本无法控制，岂不是在为晋国卖力？晋国强大，就等于秦国衰弱，秦、晋两强相争，这对秦国是不利的。假如能使郑国不亡，将来秦国使者路过郑国，郑国还会提供些方便。晋国贪得无厌，今天灭了郑，明日就会掉头攻秦，请陛下三思。"秦穆公恍然大悟，与郑人结盟，不但不再围攻郑国，反而派杞子、逢孙、杨孙三位大夫领兵守卫郑国。

秦穆公三十二年冬天，留守郑国的秦国大夫杞子秘密派人回国报告穆公："郑国让我们替他们把守北门，城门的钥匙在我们手里。如果陛下派军突袭，我们为内应，郑国可轻而易举地征服。”穆公便派百里奚的儿子孟明视、蹇叔的儿子西乞术和白乙丙率军远征。出发那天，大军集结于国都东门之外，蹇叔到那里为儿子送行，痛哭着说：“乞术呀，我只能见到你带兵而出，见不到你率军回城了！”穆公见军队出发，蹇叔哭行，很是恼火，派人对他不客气地斥责说：“你是老糊涂了吧！如果你不活这么长寿，你坟墓上的树都生长得很粗了！”蹇叔悲痛不已，与儿子泪别道：“晋国人很有可能在殽这个地方伏击你们，殽山有南陵和北陵，你们从两陵间经过，必会在此遇难，我只有到那里去为你收尸了！”

到达滑国的时候，郑国的商人弦高准备到成周洛邑去做买卖，偶然遇到秦军，心想秦军很可能是向着郑国而来，国内还不知道，情况危险。他心生一计，先送给秦军四张熟牛皮，再送十二头牛犒劳秦国军队，撒谎说：“我们郑国的国君听说你们要从郑国路过，特派我前来慰问。”同时派人回国报信。秦军三个将领感到意外，商议说：“我们是来袭击的，现在郑国有了防备，去了也不会有什么结果，干脆撤回吧！”当时秦军离滑国很近，顺便灭掉了滑国，然后无精打采地撤回。

当时晋文公刚去世不久，还没有下葬，正在办理丧事。晋人听说秦国军队灭了滑国，撤退途中到了晋国，紧急召开军事会议。晋国大夫先轸急不可待地说：“秦国贪得无厌，平白无故地灭了滑国。现在他们从这里路过，这是老天赐予我们的机会，不能放过他们！”晋襄公听从了先轸的意见，把丧服染成黑色，亲率大军出发了。这年四月十三日，晋军在殽（今河南洛宁西北）伏击秦军，秦军没有一人逃脱。晋军俘虏秦军三员大将而归。

晋襄公的母亲文嬴是秦穆公的女儿，见孟明视等三人被俘，便想办法救他们。文嬴对襄公说：“这三个家伙挑拨我们秦晋两国君主的关系，违背国君的旨意胡作非为，如果秦穆公得到他们，恐怕吃他们的肉都难解心头之恨，何劳陛下去杀他们呢？放他们回秦国，让穆公处置他们，怎么样？”襄公答应了。第二天先轸朝见，得知战俘已被放走，愤怒地往地上吐唾沫。襄公也有些后悔，立即派人追赶，赶到黄河边，孟明视等三人已经船在河心了。孟明视得意地说：“承蒙贵国君主不杀之恩，使我们回国受诛。假如秦穆公赦免我们的罪过，三年之后定来拜谢你们！”

孟明视等三人被释放的消息传到秦国，秦国的很多大夫和臣僚都对穆公说：“这次战败是孟明视的罪过，使得全军覆没，应该将他斩首以示处罚。”穆公对这些臣下说：“这是寡人的过错。从前周朝的芮良夫曾批评周厉王说：‘风大起来会把一切摧毁，贪婪的人会把善良人摒退。听到流言蜚语就喜欢答对，一读《诗》、《书》就昏昏欲睡。不任用贤良之士，反使自己与道义相背。’芮良夫批评的贪婪之人正如同寡人呀！寡人贪于得到郑国，从而使他遭遇灾祸。”穆公穿上丧服亲自到郊外去迎接孟明视等三人，流着泪对他们说：“寡人没有听从蹇叔的劝告，让你们蒙受了屈辱，这次战败不是你们的过错。”又恢复了他们三人原来的官职。

殽战役的失败，是秦穆公扩张争霸以来受到的较为沉重的一次打击。秦穆公时刻想着复仇雪耻，挫败中原强大的晋国。秦穆公三十五年，穆公命令孟明视领兵进攻晋国。二月七日，秦晋两军在彭衙交锋，秦军大败。晋人把秦国的这支部队戏称为“拜谢之师”。

秦军再次失败后，穆公仍然留用孟明视，积极在国内推行德政，发展生产，施惠于民。晋国大夫赵成子对别人说：“秦军如果再一次来进攻，我们一定要避开它。秦穆公由于失败而进一步修明政治，这样的部队是不可抵挡的。”

戎国国君派大夫由余前来秦国，由余的祖先本是晋国人，懂得晋国的语言。戎君听说秦穆公很贤能，因此派由余来参观秦国的政绩。穆公向他展示华美的宫殿和聚藏的财宝、粮物。由余观看后感叹说：“这些成果，如果是让鬼神完成的，则太劳鬼神了；如果是让人民劳动完成的，人民就太辛苦了！”穆公听后很惊讶，问他：“我们中国一向本着诗书礼乐的精神治国，然而却不时发生变乱；你们戎狄不懂诗书礼乐，是怎样治理人民的？是不是政治很糟糕？”由余笑着回答：“这正是中国动乱的原因啊！自上古圣人黄帝制作礼乐法度，他以身作则，身体力行，也仅仅能达到小治的程度。后世社会，在上位者日渐骄奢淫逸，依恃法度的威严苛责人民，使人民处于极度贫困之中。戎狄民族与此不同。上边的统治者怀着淳朴的恩德来对待臣民，人民忠心耿耿地对待君上。治理一个国家犹如整理自己的身体，上下和谐才能形成有机的一体。治理国家并不依靠什么诗书礼乐，这才是真正的圣人政治呢！”穆公回宫后问内史廖说：“我常听人说，邻国中有圣人存在，就是与这个国家敌对之国的忧患。现在戎国的由余如此贤达，这是我国的隐患，该怎么办呢？”内史廖献计说：“戎国居穷乡僻壤，不曾听过中国音乐，陛下不妨送他女乐以转移他的志向，同时为由余求官职。我们这里留住由余，使他不能如期回国。戎君必会产生疑心，心存猜忌，君臣之间产生隔阂，我们便有机可乘了。戎君沉湎于音乐，也会懈怠政事。”穆公采纳了这一建议，同由余接席而坐，传器而食，非常亲近，并问他戎国的地形与军队。然后命令内史廖送给戎君乐队美女十六人。戎国君主果真喜爱上了音乐，过了一年仍不奉还。这时候，穆公让由余归国。由余归国后屡次劝国君放弃乐舞，戎君都不听从。穆公派人暗中约请由余来秦，最后由余离开戎国到了秦国。穆公以宾客之礼待他，向他求教伐戎的策略。

同年冬天，晋、郑、陈、宋各国联军进攻秦国，秦军抵挡不住联军的强大攻势。联军一举攻占了汪地和彭衙。为报此仇，第二年秦穆公又派孟明视率领大军进攻晋国。部队东渡黄河之后，秦军破釜沉舟，以示必胜决心，不能取胜则无退路，终于大败晋军，为殽之战雪耻。穆公埋葬了殽之战中为国捐躯的秦军将士，并下令全国哀悼三日。

秦穆公虽励精图治，富国强兵，试图称霸中原，但由于地理位置不利，东有强大的晋国，向东方的发展受阻。在这种情形下，穆公用由余的策略攻伐戎国等西方的弱小国家，先后兼并十二国，使秦的国土在西方拓展千里，成为西部首屈一指的大国，人们把这一过程称作秦穆公霸西戎。当时，周天子曾派遣召公带着金鼓向秦穆公祝贺。

今陕西秦穆公陵大门

秦穆公三十九年，穆公去世。墓地在雍，有一百七十七人陪葬，其中有奄息、仲行、鍼虎三位良臣。

当时的正义之士评论秦穆公说："秦穆公拓展秦土，兼并他国，东与强晋相争，西方称霸群戎。但是，他并没有成为诸侯的盟主，并非偶然。他死后就抛弃人民，要良臣为他殉死，从前的君主去世尚且给后世留德垂范，而他却残害好人，使人心哀痛。由此可知，秦不可能成为霸主了。"

累卵之上的昏聩国君
——晋灵公之弑

在中原地区的大国晋国，继创立霸业的晋文公和维持霸业的晋襄公之后，出现了一位昏庸无道的君主。此人因厨师烹熊掌不熟就杀死厨师，用弹弓射人取乐，他就是晋灵公。

晋灵公的即位过程可谓一波三折。

晋襄公七年（前621年）八月十四日，襄公去世。在由谁即位为君的问题上，晋国内部发生了争执。当时太子年幼，晋国与周围的楚国和秦国不断发生战争，大臣们想拥立年长的公子为国君。但由谁为君，意见难以一致。国卿赵盾想拥立公子雍，但大夫贾季不同意赵盾（即赵宣子）的主张，他认为应立公子乐为君。

赵盾反驳说："公子乐的母亲辰嬴地位低贱，在夫人当中排位第九，她的儿子能有什么威严？说她受两位国君宠爱，我看那是她没有廉耻！不能得到大国的帮助却想依靠小国，是目光短浅。母亲淫荡，儿子孤陋无识，就没有威严。公子雍的母亲杜祁由于国君的缘故，让位给偪姞而使她在上，由于狄国的缘故让位给季隗而屈居于下，所以才排位第四夫人。先君见她有美德，才喜欢她的儿子，让公子雍出仕秦国，做了亚卿。秦是大国而且邻近，有事可以救援；母亲有道义儿子受爱戴，足以安抚百姓。"

然而，双方谁也没有说服对方。赵盾派先蔑、士会到秦国迎接公子雍，贾季派人到陈国召回公子乐。赵盾派人在半途将公子乐杀掉。

晋灵公元年（前620年）夏天，秦康公送公子雍回晋国。

自襄公死后，太子的母亲穆嬴每天抱着年幼的太子在朝廷上哭闹，说："先君尸骨未寒，你们就违背先君的遗诏，丢开太子不立，反到国外去迎立他人，你们准备如何处置太子！"下朝的时候，穆嬴就跪到赵盾家中说："先君抱着这孩子嘱托于您，说：'这孩子如果成才，我就受了你的恩惠；如不成才，就是你的责任。'现在国君虽然去世，这些话言犹在耳，怎能忘记？"穆嬴为人泼狠，软硬兼施，朝中大臣和赵盾也有所顾虑，万般无奈地背弃了公子雍，改立灵公，随后发兵抵御护送公子雍回国的秦国军队。赵盾亲自统帅中军，浩浩荡荡抵达堇阴（今山西临猗东）。四月初一，赵盾在令狐将秦军一举击溃。

由于晋人立灵公为君，秦人送公子雍为君的计划落空，诱发了秦、晋两国连年不断的战争。晋灵公初即位，国卿赵盾为稳定晋国，召集齐、宋、卫、陈、许、曹、鲁各国君主在扈（今河南原阳西）会盟，与会各国都承认灵公为晋国君主，共结友好邻邦。第二年夏天，为报复令狐之战的失败，秦军进攻晋国，一举攻占武城（今陕西华县东）。晋国也不甘吃亏，晋灵公四年春天，派大军反攻秦国，占领秦国的少梁。同年夏天，秦国军队反攻晋国，攻克晋国的北徵。此后，秦、晋两国数次交锋，互有胜负，难解难分。

晋灵公自幼为君，缺乏师教和约束，随着年龄增长，日益昏庸暴虐。据《说苑》记载，晋灵公建造九层的高台，耗费了国家大量的资财。大臣们劝谏，他一概不听，下令说："敢有再来劝谏者，斩首勿论！"有一个名叫孙息的小臣朝见灵公说："为臣有一小技，能在十三层棋子之上再摆九层鸡蛋。"灵公说："你赶紧摆给我看。"孙息开始逐层摆放鸡蛋，摆到最后，鸡蛋摇摇欲坠。灵公屏住呼吸，说："危险啊！"孙息借机说道："臣以为还有比这累卵更危险的。陛下兴建九层高台，三年不能完工，国库空虚，户口锐减，邻国企图侵略我们。一旦国家破灭，岂不更加危险？"灵公若有所悟，下令停止筑台。

晋灵公执政以后，向人民征收沉重的赋税，用于自己的奢侈和挥霍。文武百官上朝，他把百官引到高台上，手拉弹弓射击外边的行人，行人躲闪不及，奔跑呼叫，灵公却在台上大笑。

晋灵公十四年的一天，赵盾上朝，看到有人从后宫背着畚箕出来，便问里面是何物。那人回答："您自己看吧！"赵盾一看吓了一跳，原来里面装着死人！赵盾立即问："死者是谁？为什么被杀？"那人才告诉说，被杀者是厨师，因为熊掌没有做熟，灵公发怒，将他砸死，然后将尸体肢解，命人弃之宫外。此事传开，文武百官都十分震惊。赵盾准备进谏，士会拦住他说："还是让我先去吧！"

士会走进宫门，灵公从远处就看见了他，但不理睬。士会接着向里走，灵公还是不理。直到走近，晋灵公才抬头说："你不用讲了，我知道自己错了，打算改正。"

今山西襄汾“晋上大夫赵宣子故里”石碑

晋灵公尽管口头上说改正，但事实上日甚一日。赵盾屡次劝谏，晋灵公很讨厌他，便派钼麑去刺杀赵盾。一天清晨，钼麑前去行刺，看到赵盾卧室的门大开着，赵盾穿戴得整整齐齐准备上朝。由于时间很早，赵盾正盘腿坐在屋内等待。钼麑见此情景退了出来，感慨地说：“不忘记恭敬，他真正是百姓的主人。刺杀百姓的主人，那是不仁；放弃国君的使命，那是不忠。这是两难选择，我只有一死解脱了。”他来到外面，撞树自杀了。

同年九月，晋灵公请赵盾入宫饮酒，埋伏下甲士，准备将赵盾杀死。进宫之后，此事被赵盾的车夫提弥明察觉。他快步登上殿堂，说：“臣下侍奉国君饮酒，超过三杯就不合礼法了。”随即扶赵盾下殿。灵公见赵盾突然离开，便唆使恶狗猛扑赵盾，提弥明拔剑把恶狗杀死。赵盾气愤地说：“不能用人而用狗，狗虽凶，管什么用！”埋伏的甲士冲上来，赵盾边斗边退，提弥明战死在宫廷内。赵盾得以脱身，这多亏了甲士中一人突然倒戈，护卫赵盾。

那么，这个人是谁呢？原来，早年，赵盾在首山打猎，看见一人饿得厉害，便送给他食品，他只吃一半，留下一半。赵盾问他为什么不都吃掉，那人回答：“我离家三年，不知母亲是否健在，现在快到家了，让我把一半留给她吧！”赵盾让他把饭都吃完，又让人给他拿来一篮饭和肉。后来，此人参加了晋灵公的卫队。这次他看到要杀的人是赵盾，便立刻倒戈保卫赵盾。多亏此人，赵盾才幸免于死。

晋灵公为非作歹，引起人们公愤。同年九月二十六日，赵穿在桃园杀死晋灵公。当时，赵盾正逃往国外，闻听灵公被杀，便返回重登卿位。晋国的史官记录说：“赵盾弑其君。”赵盾驳斥：“不是我杀的！”太史回答：“你身为国卿，回来后不惩办凶手，杀国君的不是你是谁？”赵盾后悔地说：“太可悲了！《诗经》中说：‘因为我的怀恋，给自己带来忧伤。’这恐怕说的就是我了。”

后来，孔子评论此事说：“董狐，秉笔直书而不加隐讳，是位好史官；赵盾，是晋国的好大夫，为维护礼法而蒙受恶名。可惜呀，赵盾要是走出国境就可以免于杀君的恶名了。”

南方有大鸟
——楚庄王争霸

继中原地区的齐桓公和晋文公称霸之后，在南方地区出现了一位“不鸣则已，一鸣惊人”、“不飞则已，一飞冲天”的新霸主，他就是楚庄王。

楚国在楚成王和楚穆王时，已吞并了南方一些小国，并向中原地区渗透势力，把郑、陈、蔡各国置于自己的武力胁迫之下。楚穆王在位十二年后去世，他的儿子熊侣即位，这就是楚庄王。

晋国乘着楚人国丧的机会，会合宋、鲁、陈、蔡、郑、卫、许七国诸侯重新订立盟约，晋国重新做了盟主。楚国的大臣们见此情景十分焦急，纷纷劝楚庄王去争夺霸权。然而楚庄王自即位后连续三年时间不理政事，整日只是吃喝玩乐。据说，他在宫中左手搂着美女秦姬，右手抱着越国美女，前面是大规模的乐队演奏乐舞。他十分讨厌前来劝谏他的大臣，下令：“敢前来劝谏者，斩！”不久，有个叫伍举的大夫进宫来到庄王面前。庄王问：“难道你不知道寡人的禁令吗？”伍举叩头回答：“小臣并非故意违令，而是有一点不明，请陛下指教。有一段隐语说：

楚国山上，
有只大鸟，
身披五彩，
可真荣耀。
一落三年，
不飞不叫，
人皆不知，
此为何鸟。”

楚庄王听后大笑道："这可不是普通的鸟，它是在观察情况，积聚力量。三年不飞，一飞冲天；三年不鸣，一鸣惊人！"伍举若有所悟地退了下去。

凤在楚人眼中有着至高地位，楚庄王以鸟自喻，这鸟身上必定有凤的精神。

转眼间几个月过去了，还不见楚庄王有何作为，大夫苏从闯入宫中，义正辞严地说："使陛下明于道义，富强国家，纵使我苏从被杀，也毫不足惜！"

楚庄王听后拍案而起说："好极了！从今天开始，我就要治国争霸。"第二天早朝，楚庄王立即罢免了一批无能营私之徒，提拔任命了一批德才兼备、忠君爱民的官吏。

经过一番治理内政，楚国的国力逐渐强盛起来。随后，便开始对外征伐争霸。楚庄王八年，楚国发兵讨伐陆浑（今河南嵩县和伊川一带）的戎人，然后大军来到周王室的都城洛邑，在那里举行了大规模的阅兵式。周定王只好派王孙满去慰劳楚庄王。楚庄王却"问鼎"王孙满，被严辞驳回，自讨没趣，随后率军回到楚国。

当时楚国的令尹是斗樾椒，他是一个残暴凶狠的家伙。随着权势日大，他调集军队准备杀掉楚庄王。庄王畏惧三分，就把楚成王、文王、穆王的儿子送到樾椒那里做人质，谋求妥协。然而，樾椒却坚决不答应，意在除掉国君。他陈兵于漳水河岸。楚庄王九年七月初九，双方展开决战。樾椒拉弓射庄王，第一箭射穿车辕和鼓架，最后停在铜钲上；第二箭射穿车辕，反弹上去，贯穿了顶盖。庄王身边的人见樾椒箭法如此厉害，都很害怕。庄王派人大声宣告说："我先君文王消灭息国时，得利箭三枝，两枝被樾椒盗走，他已经用完了，大家不要害怕！"随后下令攻击，一举将樾椒消灭。

楚庄王是一位开明而知人善任的君主。一次，有一位擅长给人相面的术士来到庄王的宫中。据说，他给人相面算命非常灵验。楚庄王见面后问他："你是怎样判断别人的命运和未来的？"术士回答："我并没有超人的本领，我是依据一个人交际的朋友来作判断。一个平民百姓，如果他交往的是孝敬父母、遵守法令的人，家庭必会日益富裕，安度终生；一个官吏，如果他交往的是忠义之士，官职必会不断提升，地位更加巩固；一个君主，如果他朝廷中都是忠正耿介之臣，他的国家必会日益富强，他自己也会更加受尊重。"庄王听后很受启发，便邀请天下的有能之士前来楚国。孙叔敖就是在这时开始担任楚国令尹的。

孙叔敖是一个非常有魄力和才干的大臣。幼年时，有一次他到田间游玩，突然从路旁草丛窜出一条两头蛇，他不顾一切地把蛇杀死，然后埋了。回到家中，他非常担心害怕。母亲问："孩子，为什么哭呀？"孙叔敖回答："别人都说碰上双头蛇的人会死，刚才我就碰上了，恐怕我就要离开母亲死去了。"母亲又问："那条蛇现在哪里？"孙叔敖回答："我怕别人再碰上，就把它杀死埋了。"母亲松了口气说："双头蛇凶猛异常，你把它杀了，它也就没法害你了。人常说，老天会保佑善良有德行的人，你会得到好报的。"

孙叔敖具有远大的政治抱负。为了实现自己的理想踏上仕途，背井离乡来到楚都郢城。他在郢城留居三年，但在政治上却毫无进展。他结识了一位朋友期思。期思与孙叔敖是同乡，了解孙叔敖的才能，便对孙叔敖说："你有大仁大义，能治国平天下。这些，我远不如你。但是，交际社会、接人待物、协调人际关系、取悦于国君，你却不如我。你先归回乡里，我留在这里为你游说，为你寻找机会。"孙叔敖回到了家乡。

几年光阴转瞬即逝，期思终于得到了楚庄王的宠信，便向楚庄王推荐孙叔敖，楚庄王派人赶着自己的轿车去迎接孙叔敖，任命他为楚国令尹。

孙叔敖为令尹后，积极改善楚国政治。经过他的一番整顿，楚国人民的生活各得其所，其乐融融。

孙叔敖

楚国人原先习惯于乘坐车身很低的轿车，但这种车不便于马匹的驾驶，楚庄王想下令把车身造高些。孙叔敖说："法令是很严肃的事情，令出必行，令禁必止。随便颁布法令，人民不知所从，这有损法令的威严。若要想让人们乘高车，只要我们下令让里邑的门槛修筑高些即可。乘车的都是有地位的人，他们到乡里不便屡屡下车，自然会把车身造高些。"半年之后，人们都自动地把车身造高了。

随着内政的改革和国家的富强，楚庄王对外争霸的步子也越走越快。楚庄王争霸心切，恨不得立刻就当上盟主，但中原大国晋国使庄王的这一愿望难以实现。楚庄王决意攻伐晋国。孙叔敖觉得伐晋时机还不成熟，便直截了当地劝谏楚庄王说："为臣的家院里有一棵榆树，树上一只蝉在振翅鸣叫，自饮清晨的露水，洋洋自得。在它后面，一只螳螂正向它靠近，准备捕食它。在螳螂的后边，又有一只麻雀在准备捕食螳螂。在榆树的下面还有一个童子手执弹弓对准了麻雀。他在向前靠近，但没有看到跟前有一个洞窟会让人掉入。以上都是只顾眼前小利而忘记后面祸患的事例。昆虫是这样，人也是这样。我们怎能因一时急躁而引发祸难呢?"

郑国受楚、晋争霸之难，苦不堪言。郑国大夫子良说："楚、晋两国都不修明政治，只知穷兵黩武，郑国无法应付。干脆，谁来攻伐，我们就同谁讲和结盟。他们两国都不讲信义，我们又怎能讲信义呢?"郑国的这一政策使楚人深为不满，楚庄王十七年，楚军大规模进攻郑国。郑国人想求和，占卜的结果却不吉利。于是，郑人再到祖庙中哭卜，这次占卜的结果是郑人只有拼死抵抗才能吉利。闻此消息，郑国都城内的百姓甚至守城的将士都痛哭起来。楚庄王一看郑人决意死战，就撤兵了。不久，又发兵围郑。这年三月，楚军攻陷郑都城，从黄门攻入城内大道上，郑襄公光着上身（表示请罪)，牵着羊迎接楚庄王说："寡人得不到上天的保佑，这都是寡人的罪过，我怎敢不服从贤君的命令呢？即使贤君把我俘虏到江南，放逐到海滨荒野之地，我也唯命是听。不过，贤君若能念及从前我们两国的邦交友谊，让郑国不亡，这就是我们郑人最大的心愿了。斗胆说出，望贤君裁决!"

楚庄王语气缓和地说："郑国的国君具有谦逊的美德，对人民又讲信义，灭掉这样的国家对我们楚国的声誉没好处。"楚军自动撤退三十里，答应郑国的求和条件。郑襄公派兄弟子良到楚国做人质。

早在楚军围攻郑国的时候，晋国就派军队救援郑国，当晋军风尘仆仆赶到黄河北岸时，得悉郑国已同楚国议和，中军元帅荀林父想撤兵回国，然而，副帅先縠年轻气盛、自恃强勇，大声叫道："晋国之所以能称霸诸侯，就是因为我们拥有强大的军队，所向无敌。如今，我们坐视郑国沦亡而不去营救，有损于晋军的威名；大敌在前而不敢决战，这是胆怯。自从文公争得霸权，历经多年，怎能眼看着丢掉霸业？我只知冲锋陷阵，不知退却!"说完，就独自率领中军渡河。

事已至此，荀林父进退两难。无奈，他只好命令三军一起渡河作战。当时，楚军驻扎在郑国的郔地（今河南郑州北)，打算到黄河南岸饮马以后就回楚国。听到晋国军队已经渡过黄河，楚庄王最初并不想作战，打算按原计划回师。楚将伍参求功心切，想与晋军一决雌雄。孙叔敖阻止说："我们楚军去年进攻陈国，今年进攻郑国，战事已经不少了。将士疲劳，不宜再战。如果我军失利，你是打算让楚国人吃你的肉吗？”伍参说：“如果此次作战不能取胜，我伍参的肉将留在晋军那里，你想吃也得不到！”孙叔敖没有理睬他，军旗向南一挥，队伍开始向回撤了。伍参来到庄王跟前说：“晋军元帅荀林父新近执政，没有威严，军队步调不一，他的副手先縠不肯服从荀林父。其他主帅也同样没有宏谋远略，令出而不能行，国君又没在军中，正是群龙无首之时，晋军怎能不吃败仗？陛下是国君，晋军那边是卿大夫，国君逃避大夫，您怎能受这等污辱！”楚庄王难以忍受这样的刺激，就命令孙叔敖挥师调头北上，严阵以待。

晋军行至敖山和鄗山之间的时候，郑国派皇戌到了晋国军中说：“只要晋国大军发起进攻，我们郑国就追随在后，楚军必然一战就败。”先縠听闻此话，感到总算遇到了知音，便吵嚷道：“击败楚国，臣服郑国，就在此战！一定要答应郑人的要求！”

下军副帅栾书忧虑地说：“楚国的国君一直在励精图治。如今我们晋国国内的政局不安宁，百姓没有得到恩惠，人心不一，却要与上下一心的楚军作战，后果难以料想。子良是郑国的杰出人物，被送到楚国做人质，可见郑楚两国关系密切。郑国派人来鼓动我们与楚国开战，我们战胜就臣服于我们，我们战败就臣服于楚国。我认为不能轻信郑人的话。”

晋国的将领们在还没作战之前，内部意见就乱成一团。楚庄王派使者来到晋军营中，通告说：“楚庄王年幼时遭遇不幸，所以不善辞令。现在我们如实向各位表达想法：楚国的先君成王和穆王虽然屡次北上，但都是为了教训郑国，此次庄王北上也无得罪你们晋国之意，所以，请你们不要在此逗留太久。”晋国的上军统帅士会以礼作答：“从前周天子命令我们先君晋文侯：‘晋、郑两国要通力合作，辅佐周王室，切不可违背天子的诏命！’如今郑国不遵守王命，晋国国君派我们质问郑国，此事与贵国不相干，有劳向贵国君主相告。”先縠认为士会的话太软弱，随后派赵括对楚使说：“刚才士会讲得不符合我们国君的意思，我们国君要求把楚国人送出郑国，命令我们‘不许逃避敌人！’”

事隔几天，楚庄王又派使者向晋国求和，晋国人同意，双方商定了结盟日期。但楚军方面也有些军将求功心切，恨不得与晋军痛快打一仗。楚将乐伯向晋军挑战，许伯为他御马，摄叔为他车右。晋军反击追赶，左右两翼夹攻。乐伯拉弓射箭，左边射马，右边射人，箭无虚发，使得晋军两翼不敢靠近。乐伯最后只剩下一枝箭，看到有只麋鹿出现在前面，一箭正中麋鹿的后背。晋军鲍癸正在后面紧紧追赶，乐伯让摄叔把麋鹿送给鲍癸，说：“由于今年还不到季节，应该献的禽兽还没到来，谨以此麋鹿献上作为膳食。”鲍癸下令停止追击，说：“这些人都是英雄。”

晋国的魏锜想当公族大夫未能如愿，早就对执政者不满，这次跟随出征，恨不得使晋军陷于失败。他请求出兵挑战，没有被批准，却被派为军使。他来到楚军阵前，擅自改变自己的使命，向楚军发动袭击。楚国的潘党率人马追击，魏锜眼看就要被俘虏，正巧看见战场上有麋鹿，迅速射死一只，献给潘党说：“你率军作战想吃到野味，恐怕也不容易，我特意射死这只麋鹿献上以表敬意。”潘党这才下令停止追击。

晋国的赵旃想当卿没有如愿，心有怨愤，又看到楚军来挑战的人逃了回去，也要求到阵前挑战。荀林父没有同意，派赵旃、魏锜二人前去与楚国订立盟约。

赵旃、魏锜二人名为前去和谈，实际上是率领着人马向楚军发动攻击。楚庄王得此消息大怒，亲自坐着战车追击赵旃，赵旃丢弃了战车逃进森林中。晋国人担心赵、魏二人遇到危险，便派战车前去接应。楚将潘党望见晋军战车扬起的灰尘，以为晋军发动全面进攻了，便派人回去报告：“晋国大军开到了！”

孙叔敖深怕楚庄王陷入晋军之中发生意外，立即派兵救援，并发布作战命令：“兵书上讲，先发制人。现在我军立即进攻！”楚军战车奔驰，士卒狂奔，向晋军阵营冲了过去。

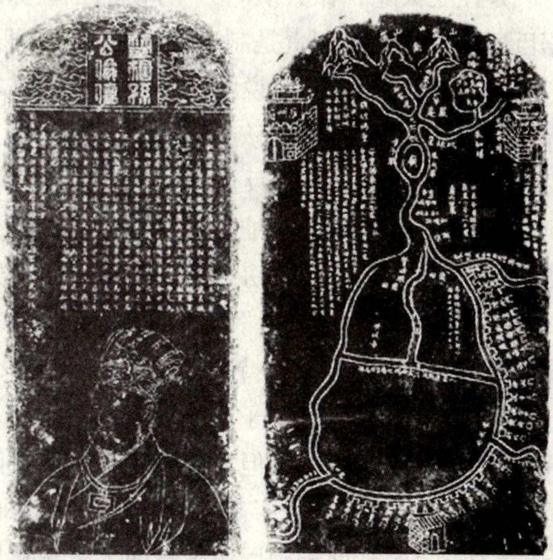

今安徽寿县安丰塘孙叔敖祠石刻拓片

晋军元帅荀林父没料到楚军会突然全线进攻，赶紧下令后撤：“先撤过黄河者有重赏！”当时的晋国三军，只有士会统帅的上军做好战斗准备，便派巩朔、韩穿在敖山前面设了七处伏兵，守住了阵脚，处于不败地位。

楚庄王见遇到了晋军上军的有力抗击，一时力量不够，就派唐狡、蔡鸠居通知楚国附庸国国君唐惠侯说：“假如楚军战败，想必也是你们的羞耻。因此，想借你们的军队前来助战。”潘党率领战车四十辆，唐惠侯率自己的军队随后，向晋国上军攻来。士会认为楚国力量强大，还是撤退为妥。于是，晋国的上军在最后才撤过黄河。

当天黄昏时刻，楚大军抵达邲（今河南荥阳北），晋军已经撤走，通宵都能听到渡河的嘈杂声。楚人在黄河岸边先祭祀河神，然后建起一座祖庙，向祖宗汇报之后，就凯旋了。

邲之战改变了长期以来楚晋争霸的局面，楚国的势力得以进一步北上，控制了黄河南岸的许多国家，取得了同晋国一样的盟主地位。楚庄公十九年九月，楚国又出动大军攻伐宋国。

宋人派乐婴齐向晋国求救。晋景公本打算发兵救宋，大夫伯宗却劝阻说："陛下千万不要发兵。如今上天正赐福于楚国，我们不宜同它交锋，晋国虽强，也不可违背天意。"

晋国不发兵救宋，却派大夫解扬前往宋国，让宋国不要投降。当解扬途经郑国时，郑国人把他捉住交给楚国。楚庄王给解扬很多好处，让他背叛自己的使命，劝说宋国投降。解扬不肯答应，楚庄王一再相求，解扬表面上答应了，他来到宋城前，爬上楼车，对宋人高喊："晋国的援兵已经出发，马上就开到了！"楚庄王大怒，派人质问："你既然答应寡人，为何又出尔反尔？"解扬说："据臣所知，君主的职责是制法行令，臣下的职责是奉行君命，这是人间道义。陛下贿赂小臣改变使命，说明陛下不懂得君臣之道。小臣使命在身，即使遇到生命危险也该大义凛然。该说的都说完了，我现在死而无憾！"楚庄王听到这一番话，不但没有杀他，反而把他放了。

楚军见攻不下宋都，准备撤军回国。申叔正好驱车过来，他献策说："假如陛下在宋人城外修建营房，让需要种田的人先回国。宋国人看到我们打算长久包围下去，一定会屈服。"楚庄王立即下令实施。

宋人一瞧楚军准备打持久战，十分恐惧。于是，派大夫华元到楚军求和。华元半夜潜入楚军，走到子反床边叫醒他说："我们国君派我来把实情相告：宋国城内已经没有粮食，但人们也决不举手投降。只要你们退兵三十里，一切都可以商量。"子反报告了楚庄王。楚庄王立即下令后撤三十里，宋、楚结盟，化干戈为玉帛。从此宋国臣服了楚国，华元到楚国做了人质。

楚庄王有很多美德。据《说苑》记载，一次楚庄王与群臣宴会饮酒，让他的姬妾来助酒兴。酒至酣时，一阵大风吹来，灯被吹灭，一片漆黑。一个醉醺醺的臣下借着黑暗之机去抓美人的衣服，美人顺手将其冠缨扯断，告诉楚庄王："有人趁着黑暗撕扯我的衣服，我把他的冠缨抓了过来，请陛下查验！"楚庄王却大度地说："大家多饮了一些酒，有失礼的地方，算不得什么。"随后大声说："今日高兴，不喝得酩酊大醉不算尽兴！"结果君臣喝得东倒西歪，冠缨纷乱，也分不出谁的冠缨被扯去了。

陈列于湖北博物馆之春秋文物——编钟

三年之后，楚、晋两军作战，经常发现一个勇士在阵前冲锋陷敌、出生入死，使楚军取得胜利。楚庄王便问这位勇士：“我未曾给你什么好处，你为什么这样拼命作战呢？”勇士回答：“几年前臣酒醉失礼，陛下没有诛杀臣，我这条生命是陛下赐给的，我日夜思念着以死相报，纵是肝脑涂地，死而无悔！”

《吕氏春秋》也记载着一个动人的故事。一次，楚庄王到云梦一带狩猎，射中一只科雉，一个叫申公子倍的小臣跑上前来把科雉夺走了。楚庄王很恼怒，想把申公子倍杀了。旁边的大夫们都劝阻说：“子倍是一位贤良之士，他这样做恐怕事出有因，请陛下宽容。”没过三个月，申公子倍得暴病而死。后来楚军打了胜仗奖赏功臣，申公子倍的弟弟前来邀赏。楚庄王不知何故，他解释说：“臣的哥哥顶着大不敬的罪名，用自己的生命作代价，夺走了那只科雉，这是事出有因的。古书中说，射科雉的人不出三月就会死亡，他是为了保护陛下才去抢那只科雉的，请陛下明察。”楚庄王命令史官核查，果然有此记载。于是，重赏了这个小臣。

上面这样的故事未必一定确有其事，但反映了一个基本事实：楚庄王施德政，得人心。楚庄王在位二十三年，楚国由原来的与晋国争霸，经过邲之战一举削弱晋国，使郑、宋等一些中原国家归附于楚国，确立了霸主地位，终于实现了长期以来的梦想。

真相：没有友谊，只有利益
——晋秦约盟

进入春秋中期以后，诸侯争霸愈演愈烈，群雄并起。由于晋国位于中原腹地，并且较为强大，便形成了以晋国为焦点的群雄纷争局面。这里我们介绍的是晋与秦两国之间时战时和的一些故事。

自从秦晋殽之战以后，秦向中原扩张受挫，转而征服西方的一些小国，人们称之为“霸西戎”。晋国又不断地与楚国和齐国发生冲突，战争连年不断。晋灵公末年，晋国想暂时停止与秦国的冲突，以稳定后方。晋国大夫赵穿独出心裁地向晋灵公提议说：“我们堂堂大国去向秦国屈辱求和，有损于晋国的威望。我们不妨假装袭击秦的盟国崇国，崇国一定会向秦求救。那时我们顺水推舟与秦国约和，岂不更好？”晋灵公竟然采纳了这一主意，派赵穿率大军进攻崇国。然而当晋国提出可以同秦国和谈时，却遭到了秦国的拒绝，并由此导致双方长达三十年的军事对抗。

为了报复晋国的侵略，秦国随即派大军直接攻击晋国，包围了焦（今河南陕县南）。晋将赵盾率军救援，秦军便撤军回国了。

晋成公即位以后，晋国征服了白狄，随后会同白狄进攻秦国。双方军队稍一接触，彼此就都撤兵了。晋国人抓住一个秦国的间谍，把他带回，杀死在绛城内的大街上，不料六天后，此人竟神奇地复活了。

晋国大夫魏武子有一个爱妾，没有生儿子。后来魏武子生了病，吩咐儿子魏颗说：“等我死了以后，你就把她嫁出去吧！”可等魏武子奄奄一息的时候，却又说：“你一定要让她为我殉葬！”魏武子死后，魏颗把这位妇人嫁了出去说：“人得了重病头脑混乱，我当然应按照他头脑清楚时的指示去做。”晋景公六年（前 594 年），秦桓公率军进攻晋国，包围了晋国的辅氏（今陕西大荔东）。秦军中有个大力士名叫杜回，力大超人，人们都很害怕他。魏颗率晋军救援辅氏，与杜回遭遇，魏颗心中有些紧张。突然战场上突然出现一位老翁，用草绳把杜回绊倒在地，魏颗轻而易举地俘虏了杜回。当天夜里魏颗做了一梦，梦见那位老翁对他说："我是你所嫁出的那个女子的父亲，你听从你父亲头脑清醒时的话，我很感激，以此作为回报。"

陈列于陕西博物馆之春秋文物——挹酒器

秦、晋之间战争时停时续，彼此难分上下。晋厉公即位后，想结束两国僵持不下的战争状态，与秦国约和，双方商议在令狐（今山西临猗西）会盟。晋厉公元年（前580年）冬天的一天，晋厉公先到达令狐。然而，秦桓公担心晋国有诈，不敢渡过黄河，自己留在王城（今陕西大荔东），派特使史颗到达令狐同晋厉公会盟。晋厉公也派郤犨西渡黄河到王城与秦桓公盟誓。晋、秦两国就这样凑和着达成了和约，暂时结束了冲突。晋国的范文子议论说："歃血为盟是为了保证信义，相互放心。两国君主约定地点会面，这是彼此信任的第一步。这一步都达不到，说明会盟的人根本就无诚意，勉强盟誓又有何益处!"结果，秦桓公回去不久就违背了和约。

秦桓公虽然同晋厉公缔结了令狐之盟，但不久就派人到白狄和楚国，鼓动他们与秦联合攻打晋国。白狄和楚国对秦国这种不讲信义的做法很反感，便告诉了晋国。晋厉公三年四月初五，晋国派吕相到秦国宣布断绝两国的同盟关系，斥责秦国说："晋厉公即位以后，怀念晋、秦两国的传统友谊，从而达成令狐之盟。但你们却背弃盟约。各国诸侯莫不为秦国的重利轻义而痛心疾首，纷纷背离你们而与晋国接近。现在，诸侯兴师要来讨伐你们秦国，如果你们考虑到这一现实又能体恤晋国，晋国愿意再次同秦国结盟，言归于好；如果不肯结盟的话，恐怕诸侯的军队不会答应，晋国也无能为力了。特前来奉告，请你们自择何去何从!"

秦国不肯轻易服输，晋国于是兴师讨伐。晋军上下一心，斗志昂扬。同年五月初四，晋军协同各诸侯军队与秦军在秦国的麻隧（今陕西泾阳北）交战，秦军大败，晋军俘虏了秦国大夫成差、女父等，凯旋归国。

麻隧之战使秦国受到沉重打击，第二年秦桓公就忧郁而死。秦景公即位后，经过十年的休养生息，不甘寂寞于西部边陲，于是派大夫士雃到楚国，准备约请楚国共同攻晋。楚共王答应了秦国的请求。楚国大夫子囊劝告楚王说："目前我们还难以同晋国较量。晋悼公任人唯贤，严格推行既定的国策。晋国的卿肯于让贤，大夫忠于职守，士努力教育百姓，庶人致力于农业生产。如此等等，不可胜计。因此，晋国是不能战胜的，请陛下慎重考虑，不要答应秦人的请求。"楚共王听了子囊的话，觉得有理，但考虑到已经答应秦国，不能出尔反尔，便说："既然已经答应，就酌情去做吧！"楚共王把军队派驻武城（今河南南阳北），以策应秦国军队。秦国军队侵袭晋国。当时晋国正闹饥荒，因而没有回击秦军。

第二年，晋国派荀罃率军攻打秦国，以报复秦国的侵扰。秦国也不甘示弱，随后派遣庶长鲍和庶长武率兵袭击晋国。晋国派士鲂率军迎击。士鲂认为秦军人少不堪一击，没有多加戒备。结果，遭秦国两军夹击，惨败于栎地。秦国为了联合楚国，两国缔结婚约，秦嬴嫁到楚国，楚国的国君派司马子庚到秦国回访。

晋悼公十四年，晋国为了报栎之战失败的仇恨，联合中原各国诸侯进行了一次声势浩大的伐秦活动。晋悼公并没有亲自出征，只是派六卿率领诸侯联军向西进发。当大军开抵泾水时，诸侯的军队不肯渡河。晋国大夫叔向来找鲁国的叔孙穆子，穆子吟诵《诗经·匏有苦叶》一诗：

葫芦叶苦难入口，
遇水渡河可作舟；
别人渡河我不予，
只为等待那朋友。

这首诗的意思是说，鲁国虽无大用，但还是会同舟共济的。叔向回去准备好船只，让鲁国和莒国的军队先渡河。郑国的司马子蟜对卫国的北宫懿子说："各国军队共同讨伐秦国，自己没有既定主张怎么能行？又怎能对得起国家？"两人随后会见诸军首领，劝大家赶紧渡过泾水。联军过河后，就屯驻在河的沿岸。

秦人见诸侯联军驻扎在泾水沿岸，就在上游向河中投毒。联军毫无防备，很多人中毒死亡。郑军统帅不顾别国，一马当先地前进，其他诸侯军随从其后。大军抵达秦国的棫林（今陕西泾阳），秦国仍不求和。晋军统帅荀偃下令："明日清晨鸡叫起床，堵塞水井，毁掉炉灶，同秦军决一死战！是进是退看我战马的方向行事。"

栾厌有些不服气，说道："晋国从来没有这样下达军令，恐怕我的马头要朝东了。"说完竟自作主张撤兵而归。栾厌是下军统帅，整个下军就随他撤走了。左史对魏绛说："难道将军也不等荀元帅吗？"魏绛回答："荀元帅吩咐大家服从各自统帅的命令，栾厌是我的统帅，我应该服从栾厌，这也就等于服从荀元帅的命令。"眼见部队四分五裂、各自行事，荀偃后悔地说："我的号令确实不妥，后悔也来不及了，白白送给秦国一次胜利的机会。"他随即下令全军撤回。人们把这次战役讽刺为"迁延之役"。

晋将栾针愤怒地说："兴师动众为报仇而来，就这样乱糟糟地撤回去，这是晋国的耻辱。我们栾家有两位将领从军，同样难以忍受这屈辱！"说完，便同士鞅一同冲入敌军。栾针战死，士鞅逃了回来。栾厌警告士匄说："你儿子硬拉我弟弟去冲杀，我弟弟战死，你的儿子却逃回，难道不是你儿子有意害死我弟弟吗！如果你不把士鞅赶走，我就杀了他！"士鞅闻讯，仓皇逃往秦国。

士鞅到了秦国，秦景公问他："你看晋国的大夫中哪一家先灭亡？"士鞅回答："大概是栾氏吧！"秦景公问："是不是因为他太骄纵了呢？"士鞅回答："确是如此。不过栾厌虽然骄横无度，还不至于被别人杀死，因为他的先辈栾书的政绩还留在人们心中。到了栾厌的儿子栾盈的时候，祖先的恩德逐渐淡化，人们回想起当年栾厌的罪恶，就会把怨恨发泄在他儿子身上。到那时，栾氏就要遭灭门之祸了。"秦景公觉得士鞅很清明，就替他向晋国求情，使他回到晋国。

迁延之役的第二年，晋悼公去世。晋平公即位为君。这一时期晋、秦两国没有发生大的冲突，先后两次订立和约。第一次晋国派韩起到秦国，秦景公的弟弟铜到晋国，双方约和，总算达成表面上的停战。第二次是在晋平公十一年（前547年）春天，秦景公派弟弟针前往晋国订约。晋国大夫叔向准备派行人（外交官）子员出使秦国。子朱争执说："我也任职行人，为什么只派他，不派我？"叔向不同意。子朱非常气愤，提着剑去追叔向，叔向断然拒绝他说："几十年来，晋、秦两国战火不断，生灵涂炭。如今有这样一个机会，我们必须谨慎从事。万一事情弄糟，三军将士又要暴尸沙场。子员办事谨慎有礼节，而你却很鲁莽，我因此不能派你去！"说完，拂袖而去。秦、晋两国终于达成了友好协约。

自晋灵公到晋平公的半个多世纪时间，晋、秦两国亦战亦和，双方没有大规模的军事对抗，也没有一刻真正的和平。清代有人评论说："这一时期秦国闭关自守，不与中原地区的国家争战，是在积蓄国力，养精蓄锐，有宏图远略。秦能吞并天下统一中国，正是在这一时期奠定了良好的基础。"

他洞悉音乐，亦看透人生
——季札让国

自古以来，人们争权夺势，纷争不已。尤其是为了取得国君宝座，兄弟相杀，君臣相篡。拱手把君位让给别人，这样的事在中国历史上可说是凤毛麟角。本篇呈现在我们眼前的，正是这一千古奇事。

吴王寿梦二十五年（前561年），寿梦去世。寿梦共有四个儿子，长子诸樊，次子余祭，三子余昧，四子季札。季札才思敏捷，有君子气度，极受寿梦宠爱，寿梦有意把君位传给他，其他兄长也都认可。然而，寿梦去世后，季札无论如何也不肯即位，认为长子继承是国家的制度，不能破坏。在这种情况下，长兄诸樊代理国政，准备待国丧期满，再由季札即位为国君。

吴王诸樊元年（前560年），国丧一年期满，诸樊坚持让季札即位。季札不肯接受，迫不得已，抛弃家室，躲到乡村种田，表示自己的决心。吴国人看他态度如此坚定，才继续由诸樊为国君。

季札

诸樊十二年夏天，楚康王派出水军沿江河东下进攻吴国。但由于没有严肃的军纪，无功而返。这是在中国历史上最早派遣水军作战的记录，当时人们把这次军事行动称作“舟师之役”。逐渐强盛起来的吴国不甘示弱，第二年十二月，诸樊亲自率军攻伐楚国，围攻巢邑（今安徽巢县）。楚军故意放松了城门的守卫。吴军冲向城门，守将牛臣藏在矮墙内拉弓瞄准诸樊射去，诸樊应声倒下，不久死去。

诸樊临死前留下遗嘱，要把君位传给二弟余祭，以便顺着兄弟的顺序相传，一定要传国给季札为止。兄弟几人也都想如此传位，最终使季札为国君。季札被封于延陵（今江苏常州），人称“延陵季子”。

江苏常州第一个用文字记载的古名称即为延陵

吴王余祭四年，余祭派遣季札出使鲁国。季札到了鲁国之后，请求欣赏保留下来的周人音乐。鲁人先为季札歌咏《周南》、《召南》，季札听完之后评论说：“这些乐章很美啊！从这些诗歌中可以看出周朝的教化已经奠定了基础，可惜尚未达到尽善尽美的地步。”听到《邶风》、《鄘风》、《卫风》，季札评论说：“这些乐章很美啊！德化深远，人民虽然有忧患之思，可是并不至于达到困穷的境地。我听说卫康叔、武公有如此的德泽，那么这些应该是卫国的风诗了吧！人民虽然有忧患之思，可是并没有恐惧感，那么，这些应该是周王室东迁之后的诗歌了吧！”听到《郑风》，季札评论说：“音节过于细琐，象征着郑国政令的苛细繁琐，人民怎么能够忍受得住呢？正因如此，郑国恐怕要先灭亡了吧！”听到《齐风》，季札议论说：“这些乐章真美呀！音节深宏高远，具有大国风范，这应该是姜太公的气度吧！可以看出齐国的远景实在不可限量。”听到《豳风》，季札评议说：“这些乐章真正优美！坦荡宽宏，象征着民情的欢快愉悦，同时又能适当节制，这些应该是周公东征时的诗篇吧！”听到《秦风》，季札评论说："这就是诸夏之声了吧！宽阔宏大，以至于到了极点，这些应该是周朝旧地的风诗了吧！"听到《魏风》，季札高兴地说："这些乐章真美啊！中正平和，象征着志向高远和态度委婉，如果能以美德来辅政的话，就可以成为英明的君主了！"听到《唐风》，季札感慨地说："忧患之思不绝，这恐怕是尧的遗风了吧！要不然为什么会如此忧思深远呢！"听到《陈风》，季札鄙夷地说："音乐放荡无节制，象征着国家没有明君主政，这样的国家怎能传承久远！"

各国的"风"诗演奏完之后，鲁人又为季札歌唱了"小雅"。"风"是各国、各地的歌诗，反映了各地的民风和政风。"小雅"是西周王室的诗歌，比起"风"诗显得典雅，故称"小雅"。"小雅"由很多诗篇组成，听完这些诗篇，季札说："这些乐章更加美妙了！音律中虽流溢出忧患之情，可是并无叛离之意；虽有怨恨之情，可是却不尽情倾吐。周德虽已衰微，但还保留着先王的遗风啊！"

"小雅"完毕之后，鲁人又接着咏唱"大雅"。"大雅"是反映周朝建立之前，周人先贤的功德和业绩的诗篇，比"小雅"更加古典。季札说："表面上虽然曲折柔缓，可是其中刚劲有力，这大概是文王的美德吧！"

最后歌唱的是"颂"诗。"颂"是在庙堂祭祖时唱的颂扬先祖英明伟大的诗。季札感慨良久说："这些颂诗简直美妙无比！音节虽然刚劲，但并不放肆；虽然委婉，可是并不卑下糜弱；虽然紧密，可是并不局促狭隘；虽然曲折反复，可并不使人感到厌烦；虽然心怀哀思，可是并不忧愁；虽然欢快愉悦，并不逾度。真是尽善尽美、纯洁无疵啊！"

歌咏结束，鲁人又请季札观赏乐舞。季札观赏了《象箾》、《南籥》之舞后评论说："舞姿优美，然而还感到美中不足。"观赏了周武王的《大武》之舞，季札说："舞姿真美，周人的盛德就是这样的吧！"观赏了商汤的《韶护》之舞，季札说："很能表现圣人的恢宏之度，可是在德性上还有亏缺，真是圣人难当呀！"观赏了夏禹的《大夏》舞，季札说："舞姿美得很，很能表现勤于民事而不居功自傲的胸怀！"最后观看了虞舜的《招箾》之舞，季札动情地说："伟大的德性善美至极，犹如上天无处不覆盖，犹如大地无物不负载。这样美好的品德，谁人能及！观赏乐舞至此，算是到了终极。即使再有其他什么舞乐，我也不会再欣赏下去了！"

季札接着又到达齐、郑、卫、晋等国，在出使途中，曾路过徐国，拜见了徐国君主。徐国的国君很喜爱季札的佩剑，但又不便说出口来。季札当时已看出此意，但由于使命在身，不得无剑，所以打算回来的时候把剑赠送给他。完成使命归来，再到徐国，那位国君已经逝世。于是季札解下宝剑，把它挂在徐君墓旁的树上。随从的人们说：“徐君已死，挂在这里岂不可惜了这柄宝剑？”季札回答：“不然。当时我心里已经默许把这柄宝剑送给他，难道因为他死了，我就违背自己默许的诺言吗？”

吴王余祭在位十七年后死去，三弟余昧即位。余昧在位仅四年就逝世了。余昧临终前申明，要由弟弟季札即位为君。但季札硬是不肯，躲了起来。吴国的人们说：“如今季札让位逃走，最后一位国君是余昧，就由他的儿子僚即位吧！”

吴王僚即位之后，公子阖闾深为不满。他是吴王诸樊的儿子，认为既然季札不肯即位，就应该重新由自己即位为君，怎么说也不应该有吴王僚的位置。这时，楚国大夫伍子胥逃难来到吴国，窥察出公子阖闾心藏异志，就寻来一个叫专诸的勇士，把专诸推荐给公子阖闾。阖闾见了专诸非常高兴，便以宾客之礼招待伍子胥。伍子胥退身乡野，等待专诸成就大事，自己涉足政坛。

吴王僚十二年（前515年）冬天，楚平王去世。十三年春天，吴国趁楚人国丧之机进攻楚国，派公子盖余、烛庸率军围攻楚国的边邑。同时，派季札出使晋国，以观察诸侯的反应。不料攻楚的吴军遭楚军伏击，断绝了归路。公子阖闾认为这是天赐良机，便对专诸说：“我的命运交给你了，一切都托付给你了！”

同年四月的一天，公子阖闾在地下室埋伏好了甲士，邀请吴王僚到家中饮酒。吴王僚也内心警惕，从王宫一直到阖闾家里，处处布置了护卫人员，又有带剑的卫士在身旁时刻守卫。宴会刚刚开始，公子阖闾假装脚痛，进入地下室，派专诸在烤鱼中藏了匕首刺向僚，当场把吴王刺死。专诸也被吴王的卫兵杀死。

吴王僚被刺后，阖闾夺取君位，成为吴王。为了报答专诸，任命专诸的儿子为卿。这时季札回到国内，见木已成舟，无可奈何地说：“如果能使先王的烟火不断，吴国人民能有国君，社稷神灵得到祭祀，也只得由他即位为君了，我还能责怨谁呢？哀悼死者，事奉生者，听天由命吧！这祸乱并非由我引起，谁当国君我就顺从谁，这是先哲之道。”他先到吴王僚的墓前汇报出使经过，哭祭了吴王，然后守候在自己的职任上，听从吴王阖闾的旨令。

在战国时期，社会上广泛流传着季札的感人事迹，人们赞颂他的美德，钦佩他的明智。这些事迹保存在至今流传的许多历史文献和文学作品中。

世间到底有没有鬼

——子产相郑

人世间果真有鬼吗？鬼到底是怎么回事？子产曾就这个问题发表了一通议论，很能反映中国古代的人们对这个问题的看法。

子产

子产，也叫公孙侨，郑国贵族的后代。从年轻的时候起，子产便表现出超人的聪明才智。子产的父亲子国担任郑国的司马。鲁襄公八年（前565年），子国和子耳率领郑国军队进攻蔡国，取得了胜利。郑国的人们都很高兴，唯独子产闷闷不乐，忧心忡忡地说："一个弱小国家没有文治却有武功，这是潜在的祸患。假如楚国以此为借口前来讨伐，我们怎么办？顺从了楚国，晋国又来讨伐，恐怕我们四五年之内难得安宁了！"子国生气地说："你懂得什么！多嘴多舌，不怕掉脑袋吗？"

晋国的范宣子执政，各诸侯国要向晋国缴纳很重的贡礼，郑国因此背上了沉重的经济负担。鲁襄公二十四年二月，郑简公到晋国去朝见，由子西陪同。子产让子西给范宣子带去信札一封，信中写道："阁下执政晋国，四方诸侯没有听到阁下的美德，只知道晋国讨要很重的贡品，我对此举深感不解。有了良好的声名和德行，远方的人们会归附，近处的人们才安心。阁下是喜欢让人说‘您养活了我们’，还是喜欢让人说‘您榨取我们养肥了自己’？阁下该考虑了！”范宣子读了子产的信，觉得很有道理，减少了各国的贡品。

吴国公子季札周游列国，来到郑国。子产接待季札，二人一见如故。季札送给子产白色绢带，子产赠送季札麻布服装。季札忠告子产说：“郑国执政者奢侈，大难即将临头，政权将落入阁下手中。您掌政之后，定要依礼行事，否则后果难料。”子产点头称谢。

郑国的执政大臣伯有荒唐不经。他饮酒无度，请示工作的官员到了他家里，他的酒还没喝完。来人问：“主人在哪里？”伯有手下人说：“我们的主人在山沟里！”请示工作的人只得回去。襄公三十年七月十一日，子皙率领驷氏围攻伯有，放火烧了他的家。伯有醉得不省人事，逃到雍梁（今河南新郑西南）后，方才酒醒。随后，逃亡到许国。

但是逃到许国的伯有听说郑国人结盟，共同对付他，极为生气，又从城墙的排水道钻入郑国都城，带领自己的族人攻打旧北门，战败被杀。子产为伯有的尸体换好衣服，然后枕在伯有的大腿上号哭，把伯有安葬了。

郑国的上卿子皮把执政大权交给子产，子产辞绝说：“郑国弱小，却又邻近大国；国内大族多，难以管制。我没有这个能力。”子皮恳切地说：“有我在这里，还有谁敢不听你的指挥？好好地干吧，国家小不是什么问题，只要能协调好各诸侯间的关系，国家也就可以稍得安宁了。”于是子产执政。

子产执政时期，在郑国积极实施改革。当时，旧的宗族血缘体制遭到破坏，正在瓦解，政府的政令不能有效地贯彻实施。所以，子产首先改革整顿行政体制。他还颁布了新的军赋制度。在原来的宗族制度下，人们亦农亦兵，不纳军赋。子产实施了“丘赋”的办法，丘可能是一种地区单位，一定的地区要缴纳一定数量的军赋。子产在郑国公布了刑法。在过去，刑法是不公开的，由贵族控制，人们的命运完全操控在贵族家长手中。为了振兴郑国，鲁昭公六年三月，子产把郑国的刑法条文铸在鼎上，公布出来，让人们知晓，以便人们自觉遵守。

子产实施的这些改革，有些受到人们称赞，有些遭到人们嫉恨。但子产清楚地看到，社会在变，旧制度难以适应新情况，不变革，国家就会亡。改革之初，多数人诅咒子产：“计算我的家财而收费，丈量我的土地而征税。谁杀子产，我助他一臂！”过了几年，人们尝到了改革的好处，颂扬子产：“我有子弟，子产教诲；我有土田，子产栽培。子产去世，谁来即位！”

伯有被杀后，郑国经常闹伯有鬼。有时人们看到伯有来了，吓得惊慌逃散。就在铸刑书那年的二月，有人梦见伯有披甲而行，说："三月二日我要杀死带，明年正月二十七日我要杀死段。"到了三月二日那一天，驷带果然死了。国内的人们恐慌万分。第二年正月二十七日，公孙段又死了。人们愈加害怕。为了安定人心，子产命令公孙洩（子孔之子）和良止（伯有之子）安抚子孔和伯有的鬼魂，闹鬼的事才算平息下来。子太叔向子产讨教其中奥秘，子产解释道："鬼只有找到归宿，才不会作恶，我不过是为他安排归宿罢了。"子太叔仍不完全理解，问："那你任命公孙洩和良止为大夫，与闹鬼有什么相干？"子产说："是为了取悦于死鬼呀！虽然伯有身行不义，但他也需要受到享礼。我立良止为大夫，让良止能祭祀先祖，便能安抚伯有的死鬼了。不媚于鬼神，人们不信服执政；人们不信服，政治就难搞好了。"

后来，子产到晋国去访问，赵景子问他："伯有真的能闹鬼吗？"子产肯定地回答："当然能！人刚刚诞生的时候，产生魄，魄生了以后，它显现的阳性叫魂。一个人生长在人世间，吃得好，吃得多，他的魂魄就强，于是产生出精爽的神明。一个中壮年人暴死，他的魂魄很强，往往能依附在别人身上，作恶捣乱。伯有的家族三代执政，吃得精美，势壮体强。他突然身亡，为鬼作祟是很正常的事情。"

鲁昭公十七年冬天，彗星（俗称扫帚星）在大火星旁边出现，光芒四射直达银河。申须议论说："彗星是除旧布新的，天象的变化影响着人间的吉凶。彗星对着大火星清扫，大火星再次出现时必定散布祸灾，诸侯各国中恐怕有要遭殃的。"梓慎接着说："大火星的出现，夏历是三月，殷历是四月，周历是五月。夏历和天象相适应，如果发生火灾，将有四个国家承当，大概是宋、卫、陈、郑。"

大夫裨灶听说后，立即找到子产，说："宋、卫、陈、郑将要发生火灾了，赶快用宝器祭神以免灾！"子产却不同意。

第二年五月，大火星开始在黄昏出现。隔了一天，狂风大作。狂风日甚一日，五月十四日，宋、卫、陈、郑同时发生火灾。裨灶生气地说："当初我说祭神禳灾，不听；再不祭神，还会发生火灾！"人们纷纷请求子产祭神，子产坚决不听，他说："天道悠远，人道切近，两者毫无关系。裨灶怎么能了解天道？话说多了，偶然巧合罢了！"后来果然没再发生火灾。

火灾发生时，子产立即组织人们抗灾救险。他派人辞退了晋国的使者，并把新来的客人送走，让久住的宾客不要走出馆舍。派子宽、子上巡逻祭祀的处所太庙，派公孙登运走占卜用的龟甲，派史、祝运走庙内的神主，命令府库官员看守并戒备火灾。他还让人记下被烧的人家，免除他们的赋税，发给他们建筑材料，迅速向各国通报了灾情。尽管火灾严重，但由于组织工作有条不紊，人们的生活得以正常维持。

就在郑国发生特大火灾的隔一年，郑国又发生了大水灾，有两条龙在时门外的洧渊中相斗。当时人们认为，洪水与龙有关，为了平息洪水，人们请求祭祀龙。子产不同意，说：“龙与我们人类有什么关系？我们人间争斗，龙不前来观看；龙相斗，我们为什么要去看呢？向它们祈祷，让它们离开，它们能到哪里去呢？我们对龙没有要求，龙对我们也没有要求。”

鲁昭公二十年冬天，子产生了重病。他知道自己将不久于人世，对子太叔说：“我死以后，将会由你执政。治理社会依靠德和刑，然而，只有圣人才能仅仅靠德使百姓顺服，否则，必须用刑。举例说，火猛烈，百姓看着就害怕，所以很少有人死于火；水懦弱，人们不在意，到水中游玩，结果溺死的人很多。所以，实施宽政不容易。”子产病了几个月后去世了。

孔子听到子产去世的消息，很悲伤，含泪说：“子产的仁爱精神，有古人遗风啊！”

今河南郑州子产祠园

子产辅政十年，执政二十余年，前后共三十余年，为郑国的富强和安定呕心沥血，做出了很大贡献。他是一位改革家，积极在郑国实施新制度，以适应社会的需要。在国内斗争中，他站在正义一边；在国际事务中，他不卑不亢，有理有节，使郑国处于不屈的地位。他执政宽柔相济，用刑罚镇压坏人，允许人们批评政治，把人们的批评作为政治的镜子。而他的鬼神观却是矛盾的，一方面强调人与自然界无关，互不影响；另一方面又相信人死有鬼，沿用古时的祭祀制度。这无疑是特定历史时代人们观念的反映。

孔子激赏的三朝国相

——晏婴相齐

继管仲相桓公之后，大约过了一个世纪的时间，齐国又出现了一代名相，他就是晏婴。

晏婴

晏婴，字平仲，齐国夷维（今山东高密）人，大约生于公元前6世纪前半叶，出身于贵族家庭。当时的齐国，政治混乱，旧贵族日益腐化，在复杂的政治局面下，晏婴在齐灵公、庄公、景公三朝为相，受到各方人物的拥护，名扬而不辱。他到底是怎样的一个人物呢？

晏婴是一个具有传统特征的人。晏婴的父亲晏弱在齐国任卿，政治上没有什么作为。齐灵公二十六年（前556年），晏弱去世。晏婴穿着粗布丧服，头上和腰间系着麻带，手执竹杖，脚穿草鞋，睡在草席上，头枕草枕睡觉，不食粱肉，每日只喝些稀粥，为父亲守丧尽孝三年。这样的习俗在当时早已不再流行，所以，他的家仆劝他说："现在的大夫们已经没有这样尽孝的了，您何必呢？"晏婴却说："我还算不得大夫，所以要守孝。"

庄公尚武，晏婴尚文，晏婴的主张不被庄公喜欢。一次，庄公饮酒，派人召见晏婴。晏婴入门后，庄公命人奏乐歌唱说："扫兴啊扫兴，寡人真是扫兴，你为何还不辞行！"晏婴入座后，乐师先后演唱了三次，晏婴才知道这是庄公有意的。他立即从席位上站起来，面北背南坐到了厅堂的土地上。齐庄公不解地问："你为什么不入席，反而远坐在地上？"晏婴回答："臣听人说，诉讼的人要坐在地上。我今天将要与陛下争论，怎敢不坐于地上？我常听人说，倚仗自己人多势众而不讲义，倚仗自己强大而不讲礼，一味追求勇武而不用贤人，必将遗祸于后。陛下正是这样的人，而且不听我良言相劝，我请求辞职！"说完他走出朝廷回到府中，将官印文件呈还给齐庄公。晏婴对别人说："国君为人民谋福利，我就接受他的爵禄，为民做事；国君不为国民，这样的俸禄我不取，这样的官职我不要！"

当时齐国国内的政局十分混乱，国君荒淫无道，群臣狼狈为奸。在这种局面下，恪守传统的晏婴显得很矛盾。一方面他要遵循旧礼制，按君臣之道办事；另一方面又对旧贵族的腐败痛心疾首，嗤之以鼻。

齐庄公荒淫无道。大夫崔杼的夫人棠姜长得漂亮，于是，他屡次到崔杼家里去同棠姜鬼混，并且把崔杼的帽子带到朝上显示。崔杼极端怀恨。齐庄公发兵进攻晋国时，崔杼就准备发动政变，只因没有机会才没得逞。齐庄公六年五月十六日，庄公又去崔杼家中与棠姜寻欢作乐。崔杼事先做好了周密的准备，埋伏下士兵，将庄公杀死。当时，很多随从和大臣都被崔杼杀死。晏婴正在崔氏的宅院门外，他的部下问："您是否为国君而死？"晏婴回答："难道庄公是我一个人的国君吗？我为什么要为他死？"部下转过话头说："那就赶紧躲开这里吧！"晏婴反问："又不是我的罪过，我为什么逃亡？"部下被问得不知如何才好，于是说："那就回府吧！"晏婴反问："国君死了，我能回到哪里去？作为君主，难道仅仅是为了让他高高在上吗？不，是让他主持国政。作为臣下，难道是为了白食俸禄吗？不，是为国家做事。因此，如果君主是为了国家人民而死，臣下就要同他一道去死；假如他是为了个人的私欲，臣下就不必随他去死。"说完，他打开大门走进院内，头枕在庄公的腿上大哭，然后走出院子。有人劝崔杼杀掉晏婴，崔杼说："他是有威望的人，留下他可以收拢人心。"

几年后，大夫庆封的势力兴起，灭掉了崔杼及其党羽，执掌了齐国大权，在齐国专横跋扈，引起了公族的不满。庆封准备除掉异己势力，事先派人通知了晏婴。晏婴不满意庆氏专权，也不敢得罪庆氏，当即表态："我的家族没有什么势力，不能为你们出力，我晏婴也没有什么计策可以献纳。虽不能效力，但不敢泄露任何消息，我们可以盟誓！"庆氏的党羽见晏婴如此说，也就放心了。

由于晏婴的正直人品和中立态度，以及机智的处理，使他在齐国的几次政变中都险境逃生。吴国的公子季札周游列国，来到齐国专门拜访了晏婴，二人一见如故。季札劝告晏婴说："齐国政局不稳，不久还会出乱子，你赶快把封邑和权位交还给国君，方能免于灾难。"晏婴听从了季札的劝告，通过陈桓子交还了封邑和职务。不久栾氏、高氏发动祸乱，晏婴得免于难。

晏婴是一位衣食有节、不纵私欲的人。齐景公封给晏婴六十个邑作为俸禄，晏婴推辞不肯接受。子尾不解地问："富乃人之所欲，你为什么不接受?"晏婴回答："人的欲望是不可以使它满足的。我的欲望没有满足，加上六十个邑就满足了，岂不危险?我不是厌恶财富，而是怕失去财富。况且，富应该有一定的限度，如同布帛有一定的幅宽一样。人的私欲不能消灭，但也不可无限扩张，因为物极必反呀。"

在日常生活中，同其他贵族相比，晏婴显得十分俭朴。据说，他身穿布衣，吃普通的饭菜，很少吃肉。他自己常说："富而不骄、贫而不恨的人很少，但我就是贫而不恨的人。只有安于贫，才能乐于善。骄而弃善，岂不危险!"一次，齐景公派使臣到晏婴家中，恰逢进餐时间，于是一道用餐。使臣认为晏婴的生活清贫，回去报告了景公。景公给晏婴增加俸禄，晏婴不肯接受，说："我的生活并不贫困，若我把这些财富用来赈济贫困的人民，是掠取国君的美名；如果作为私用，仁义的人肯定不会这样做；如果高官厚禄，骄纵妄为，最后落罪而亡，这不明智。"景公说："同管仲相比，你这点俸禄算得了什么?"晏婴回答："圣人千虑，必有一失；愚人千虑，必有一得。在这个问题上，或许正是管仲的一失，我的一得吧!"

晏婴居住在齐都临淄城中靠近市场的平民区，房屋内阴暗潮湿。齐景公提出为晏婴盖新房，说："你的住宅靠近市场，低湿狭小、喧闹多尘，居住很不舒适，在高处盖所房子吧!"晏婴推辞说："臣的先辈一直住在那里，我不能发扬先祖的事业，住在那里已经很不错了！而且靠近市场，早晚购物方便。"景公笑问："那你知道市场上货物的贵贱吗?"晏婴回答："当然知道。"当时齐景公滥用刑罚，很多人受刖刑（挖掉膝盖骨）而不能行走，市场上便有卖假腿的。晏婴借题发挥说："鞋子贱，假腿贵。"景公听后若有所悟，减轻了刑罚。当时有人赞扬晏婴说："仁人之言，德泽无边。"齐景公九年，晏婴受命出使晋国。在晏婴出国的这段时间，景公为他重建住宅。晏婴回到齐国时，住宅已经建成。晏婴向景公谢恩，然后拆毁了新宅，把被拆的邻里住宅原样复建，让人们回来居住。景公很生气，晏婴解释说："常言道，不为宅卜，而为邻卜。邻居是很重要的，这是占卜决定的。违背占卜不吉祥，这是古代的制度。”

晏婴为相，积极帮助景公推行德政和礼制。一次，齐景公身上生了疥疮，同时还得了疟疾，病情很重，一年时间都没治愈，诸侯们都派人前来问候。大夫梁丘据和裔款对景公说：“现在陛下病重，诸侯们都忧心忡忡，这是祝、史对鬼神不恭敬的缘故。应该诛杀祝、史以昭明天下。”景公相信了这些话，告诉了晏婴。晏婴正色回答：“德行高尚的国君，为国为民一心奉公，不纵私欲，神和人民都喜欢他。他的祝、史如实向神灵禀告，内心无愧。所以，神灵愿意接受献上的祭品，给人世间降下福祉，祝、史也能享受一份。如果碰上放纵的国君，为政不善，歪门邪道，行为举止违背常理，利欲熏心，掠夺百姓，神灵和人民都会怨恨他。在这种情况下，如果祝、史如实祷告，这是报告国君的罪过；如果祝、史掩过饰非，只说好事，这是欺骗神灵。所以，神灵不接受他们的祭品，降下祸灾以示惩罚，祝、史也有一份。”景公听后很害怕，问道：“那怎么办？”晏婴继续说：“没有办法啊！神灵愤怒，人民哀怨，祝、史在那里祈祷，成千上万的人们在诅咒，祝、史纵然竭尽全力也无济于事。因此，只有施行德政一切才会好的。”景公于是让官吏宽政恤民，减轻赋税。

齐景公二十六年十二月，景公外出打猎，只有梁丘据随行，晏婴在遄台（今山东临淄附近）等候。景公来到后对别人说：“只有梁丘据跟我和协呀！”晏婴立即驳斥：“梁丘据只不过是同，而不是和！”景公问：“那有什么区别吗？”晏婴答：“当然有区别。和，就像厨师做汤，用水、盐、醋、酱、辣各种调料加以调和，使美味适口。人们喝了这样的汤，心旷神怡。宫廷中的政治也是这样，国君的不足需要臣下补充，国君的偏颇需要臣下摆平，臣下的过失也需要国君指正。只有这样才能使政治合于礼义，百姓一心。梁丘据是什么样的臣下呢？陛下认为好的，他就说好；陛下认为不好的，他就说不行。所以是同，而不是和。”

一次，景公饮酒至半醉的时候，痴心地说，“人生如果只有生没有死，那该多好啊！”晏婴略作思索，然后答道：“当然好极了！不过，如果自古以来就没有死的话，陛下的欢乐早就是古人的欢乐，陛下什么都不会有了！最早是爽鸠氏居住齐地，后来是蒲姑氏，然后才是姜太公。如果人不死的话，这里的欢乐是属于爽鸠氏的，陛下恐怕不愿意这样吧！”

齐景公三十二年十二月，齐国上空出现彗星。当时的人们认为出现彗星不吉祥，都很恐慌。景公派人祭祀，企图消灾。晏婴说：“上天的意志不可转变，祈祷祭祀也没有用。彗星是天上的扫帚，清扫邪恶的，如果陛下没有过失，害怕什么？如果有过失，祈祷也没用！”景公接受了劝谏，停止祭祀，注意修德。

晏婴陪同景公在宫中饮酒，景公环顾宫廷四周叹气说：“多么宏伟漂亮的宫殿呀！将来谁会成为它的主人呢？”晏婴问道：“陛下是有什么心事吧？”景公接着说：“我在想，有德行的人将会拥有这一切。”晏婴接过话说道：“如果真是这样的话，就将归于陈氏了。陈氏虽没盛德，但对百姓施以恩惠，用大斗借出粮食，用小斗收回。陛下征税多，而陈氏施舍多，百姓自然归向他了。如果陈氏不亡，您的后代又不好好理政，齐国就将变成陈氏的封地了！”景公失望地说：“那如何是好？”晏婴说：“只有用周礼去制约。依照礼法，家族的施舍不能扩大到国内，百姓不迁移，士、农、工、商各务本业，大夫依礼办事。”景公绝望地说：“你说得很对，我却很难做到了！”晏婴勉励说：“能够做到的！父慈子孝、兄爱弟敬、夫妻和睦、婆媳顺从，这就是礼法。这是多么美好的景象呀！”

齐国历史博物馆陈列了姜太公、齐桓公、管仲、晏婴等八位明君贤相的事迹

孔子是与晏婴同时代的人，比晏婴年轻。据说他很赞赏晏婴的人品，评论说：“灵公行为不端，晏婴用礼义去约束；庄公崇尚武力，晏婴用正义去劝导；景公奢侈，晏婴用节俭去引导。他相佐三位国君，不谋私利，是真正的君子啊！”后来，晏婴见到孔子，问道：“听说你赞扬我，实不敢当！晏婴不才，哪里有君子之道？”晏婴辞行，孔子送出很远，多次感谢晏婴的教诲。回到府中，他对弟子们说：“晏婴这个人，救民水火而不居功自傲，长期辅政，对齐国做出重大贡献，却说自己没做什么，受到人们的拥戴，却始终不忘勤勤恳恳，他果然是位君子！”

晏婴在齐国辅政将近半个世纪，历尽政道沧桑，功垂后世。当时的华夏，正处于旧社会解体，新制度初建的转型时期。晏婴哀叹旧贵族的腐败没落，试图用传统制度拯救社会，对旧贵族以及各阶层之间的残酷斗争感到痛心疾首。

他幻想着君爱民、民拥君这样一个理想的政治局面。在激烈的政治倾轧中，他明察秋毫，机敏过人，始终处于不败之地。《晏子春秋》一书中保存了他的许多政绩，时至今日，对后人仍有影响。

晏婴死后，举国哀痛。据说当时景公正在郊外巡游，听到晏婴的死讯，驱车匆匆赶回都城，进入城内，徒步而往，边行边哭。到了晏婴的遗体前，伏尸哭号，说道："有你在我身旁，经常不断地提醒劝谏我，使我免于大错。没有你，齐国的社稷还能依赖谁呢？"

今山东临淄晏婴冢

晏婴为什么能受人爱戴呢？汉代司马迁的评价可谓中肯："晏婴身为三朝辅相，节俭力行，为国所重。身为国相，食不重肉，妾不衣帛。在朝中，国君征求他的意见就直言相告；不询问他，就自正其身。国君有道，他积极效力；国君无道，他量力而行。可做则做，不可做则止。这就是他在齐灵公、庄公、景公三代为相，名显于诸侯的原因。"